KB119087

나는
이렇게
불리는
것이
불편
합니다

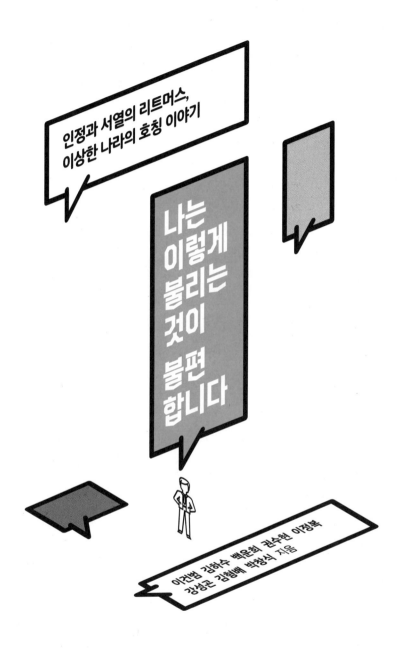

인정과 서열의 리트머스,
이상한 나라의 호칭 이야기

나는
이렇게
불리는
것이
불편
합니다

이건범 김하수 백운희 권수현 이정복
강성곤 김형배 박창식 지음

한겨레출판

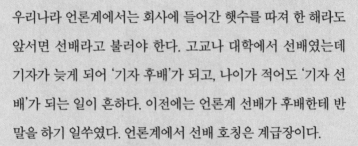

우리나라 언론계에서는 회사에 들어간 햇수를 따져 한 해라도 앞서면 선배라고 불러야 한다. 고교나 대학에서 선배였는데 기자가 늦게 되어 '기자 후배'가 되고, 나이가 적어도 '기자 선배'가 되는 일이 흔하다. 이전에는 언론계 선배가 후배한테 반말을 하기 일쑤였다. 언론계에서 선배 호칭은 계급장이다.

필자는 한겨레신문사에서 28년 일한 현직 언론인이다. 한국 언론인들이 특별히 예의범절에 밝아서 선배 호칭이 발달했을 리 없다. 속보 경쟁을 위해 조직을 기동성 있게 가동해야 한다는 업무 특성 때문에 선배 호칭과 반말 문화가 일반화한 것이 아닐까 생각해봤는데 그것도 아닌 것 같다. 속보 경쟁을 하긴 마찬가지인 외국 언론인들이 입사 햇수를 따져 선배 계급장을 붙이고 떼고 하는 것을 본 적이 없다. 그 원인은 한국 언론계에 경력 기준 서열주의가 워낙 완고해서일 것이다. 또는 과거 일본제국주의 군대의 억압적인 내무반 전통이 우리 언론계에 이식된 것이 아닐까 생각한다.

직장에서 선배라고 깐깐하게 서열을 매기고 반말을 던지고 듣는 것은 참 불편하다. 툭 터놓고 소통하기 힘들게 만든다. 다양한 아이디어를 활발히 제안하고 토론하면 좋을 텐데, 그렇게 하기 어려워진다. 자유로운 공기를 호흡해야 할 언론계에 후진적 문화가 남아 있는 것은 딱하다. 아무튼 선배 호칭과 반말 문화 때문에 불편을 느낀 게 필자만은 아닐 것이다.

이 책은 '한국 사회의 호칭 문제'를 다룬다. 언론계의 선배 호칭과 같은 문제가 한국 사회 전반에 확산되어 있고, 많은 한국인들이 호칭 때문에 불편을 느끼고 있다는 문제의식에서 기획한 것이다.

이 책을 기획하게 된 배경은 사실 좀 특별하다. 한겨레신문사에서 일어났던 심각하면서도 흥미로운 사건이 계기가 되었다. 2017년 5월 대통령 선거를 통해 문재인 정부가 출범했다. 『한겨레』는 문재인 대통령 부인 김정숙 여사를 보도하면서 '대통령 부인 김정숙 씨'라고 적었다. '씨'는 국어사전에 나와 있듯이 '사람의 성이나 이름에 붙여 그 사람을 높이거나 대접하여 이르는 말'이다. 『한겨레』는 1988년 창간 때부터 대통령 부인을 영부인이라고 하거나 여사라고 하는 게 적당하지 않다고 판단했다. 그래서 '김영삼 대통령 부인 손명순 씨', '김대중 대통령 부인 이희호 씨', '노무현 대통령 부인 권양숙 씨', '이명박 대통령 부인 김윤옥 씨'라고 죽 적어왔다. '대통령 부인 ~여사'로 적은 『한겨레』 기사가 몇 건 있었는데 그것은 표기원칙을 바꾼 게 아니라 실수로 교열이 되지 않은 경우였다.

그런데 꽤 많은 독자들이 갑자기 대통령 부인 호칭 문제를 항의하고 나서 신문사 사람들을 당황하게 만들었다. 독자들은 문재인 대통령 부인을 왜 김정숙 여사라고 적지 않고 김정숙 씨라고 하느냐고 지적했다. 『한겨레』가 문재인 대통령을 무시하는 거냐고 오해하는 사람들도 나왔다. 일부 독자는 신문을 끊겠다고 했다.

신문사는 항의가 계속되자 다각도로 문제를 검토했다. 기자와 사원들의 의견을 수렴하고 내부 토론회를 가졌다. 독자 여론조사도 실시했다. 여론조사 결과를 보면 독자들은 대통령 부인의 호칭으로 '여사'보다는 '씨'를 쓰는 게 좋다는 원칙적 의견에 동의했다. 그런데 문재인 대통령 부인한테는 씨보다는 여사라고 쓰자는 의견이 훨씬 많았다. 여론조사에서도 모순된 결과가 나왔다. 이어 국어학자, 여성운동가, 정치인, 언론인들을 모아 좌담회를 열고 문제를 깊이 있게 토의했다.

이런 과정을 거쳐 신문사는 1988년 창간 이래 유지해온 대통령 부인 표기를 '씨'에서 '여사'로 바꾸기로 했다. 신문사는 알림을 통해 "사실 '씨'는 사전적 의미와 달리 점차 존칭이 아닌 것으로 여겨지는 추세이기도 하다. 권위주의적 표현이었던 '여사'의 쓰임새도 30년 전과는 많이 달라졌다"며 "독자 여러분의 비판은 이런 언어 습관의 변화를 반영하는 것"이라고 밝혔다. 사전의 뜻 규정과 달리 언어 관습의 변화가 있음을 고려하고, 독자들의 문제 제기를 존중한다는 결정이었다.

8월 25일 자 알림을 계기로『한겨레』와 독자들 사이의 논란은 일단락되었다. 문재인 대통령 부인 김정숙 씨 문제는 문재인 대통령 부인 김정숙 '여사'로 하여, 해결되었다. 그런데 더 큰 문제가 있었다. 그밖에 한국 사회의 수많은 '씨'들은 어떻게 대접받아야 좋다는 말인가? 한국 사회구성원들이 소통하며 겪는 호칭상의 불편은 대통령 부인 한 사람만에 대한 것은 아니지 않은가?

직업에 따른 차별 호칭, 성차별적인 가족 호칭, '갑질 사회'에서 호칭의 문제, 신자유주의 시장논리가 호칭을 오염시키는 문제, 호칭의 인플레이션, 과거에 통하던 호칭이 시대가 바뀌면서 써먹기 어려워진 점 등 한국인들이 호칭 때문에 겪는 불편과 문제점은 이루 다 말하기 어려울 정도다.

이 책은 그 연장선에서 기획했다. 필자는 한겨레신문사 기자이면서 한겨레신문사 부설 한겨레말글연구소장을 맡고 있다. 한겨레말글연구소는 순한글 신문으로 창간한 한겨레신문사가 우리말과 글을 더욱 아름답고 풍부하게 가꾸나간다는 사명을 실천하기 위해 두고 있는 부설 조직이다. 한겨레말글연구소는 해마다 한 차례씩 연구발표회를 하고 있다. 2017년에는 고민할 것도 없이 '한국 사회의 호칭 문제'를 주제로 잡았다. 대통령 부인 호칭 논란을 계기로, 한국 사회구성원들이 겪는 호칭상의 불편 실태를 점검하고 개선책을 찾기 위해서였다.

이 책은 국어학자, 언론학자, 신문기자, 방송아나운서, 여성운동가, 국립국어원 연구진 등 발제자와 토론자들의 발표문을 일반 독자들이 읽기 쉽도록 고쳐 쓰거나 새로 보완해 엮은 것이다.

세상 속에서 이 책의 기획 의미는 크게 세 가지다.

첫째, 이 기획은 다양한 필자들이 참여하여 호칭 문제에 관한 우리 사회의 다양한 시각을 모두 아울렀다. 대화를 하려면 우선 상대를 불러놓고 봐야 하는 까닭에 호칭은 대화의 문을 여는 출발점이다. 그만큼 우리 언어생활에 중요하다. 그런데도 우리 사회에선 지금까지 호칭 문제를 체계적으로 논의해본 적이 없다. 학계 연구가 없었던 건 아니지만 강단 주변에서 맴도는 한계가 있었다. 이번 기획은 언어생활의 주인인 시민들이 호칭 문제를 더욱 흥미롭게 탐구하도록 관련된 지식과 생각을 모아주는 첫 시도다.

둘째, 이 기획은 민주화를 위한 언어 혁신이란 관점에서 마련됐다. 정치와 제도의 민주화를 넘어 일상성의 민주화가 중요해진 시대다. 2016~2017년 광장 촛불의 의미는 현직 대통령을 탄핵하고 새로운 정부를 구성한 데 그치지 않을 것이다. 시민 일상생활의 권위주의를 걷어내고 문화를 민주화하는 게 촛불 민심의 또 다른 과제일 것이다. 서유럽 사회의 권위주의를 걷어내고 문화를 민주화한 출발점이었던 68혁명에 견줘도 좋을 것이다. 호칭을 민주화하면 사람관계가 권위주의를 덜어내고 서로 인격을 존중하는 관계로 개선되기 쉽다. 이번 기획을 계기로 민주화를 위한 언어 혁신이 더욱 활발하게 진행될 것을 기대한다.

셋째, 앞서 말했듯 한겨레말글연구소는 한겨레신문사가 우리말과 글을 더욱 아름답고 풍부하게 가꿔나간다는 사명을 실천하고자 두고 있는 조직이다. 이 연구소는 '정치언어, 무엇이 문제인가?'(2011), '대통령 선거와 언어'(2012), '언론언어와 소

통, 민주주의'(2013), '세월호 대참사와 언어의 문제'(2014), '정
치적 올바름과 언어의 문제'(2016)를 주제로 해마다 연구발표
회를 해왔다. 이번 기획은 2017년 12월 연구발표회 자료를 고
치고 발전시켜 묶은 것이다. 연구소 차원의 활동 성과라는 의
미가 있는 셈이다. 연구소가 비록 작고 상근자가 없는 겸임 조
직이지만 활동을 소홀히 하진 않고 있음은 알려두고 싶다.

2018년 10월

한겨레말글연구소 소장

박창식

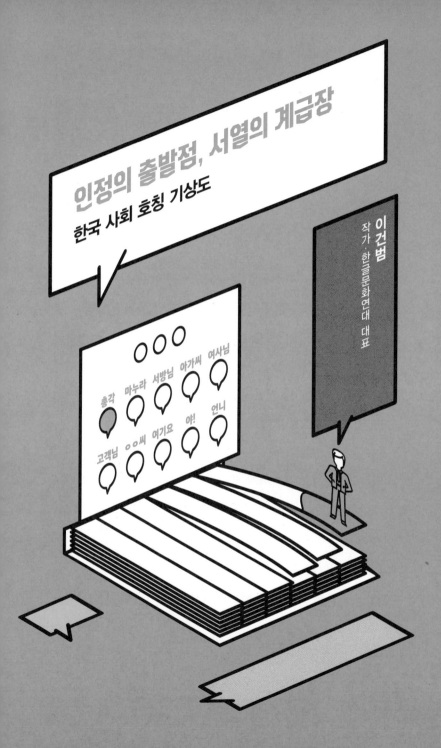

호칭은
인정의
문제

오늘날 누구든 일터나 학교에서, 공공장소에서, 가게와 식당 같은 영업 장소에서, 동아리나 동호회 따위 사교 모임에서, 그리고 온라인에서 다양한 사람들과 만나 말을 건넨다. 뭐라고 불러야 할지 몰라 우물쭈물할 때도 있고, 뭐라고 불리느냐에 따라 우쭐해지거나 기분이 나빠 할 말을 못 하는 경우도 생긴다. 기대하는 호칭과 다르게 불릴 때는 갈등이 시작된다.

우리 사회에서는 그저 이름만 부르면 낮잡아 본다고 여긴다. 비록 상류층 문화이긴 했지만, 본명 부르길 꺼리고 대신에 호나 자와 같은 여러 가지 다른 이름으로 부르던 우리 조상들의 오랜 풍속 때문에 옛날부터 윗사람의 실명을 부르는 건 본데없는 짓이라 쳤다. 그런데 근대화 과정에서 이런 호칭 풍속은 점차 자취를 감추었다. 특히 6.25전쟁 뒤로는 남북 대결과

독재 치하에서 주민 감시가 강했던지라 유교의 영향을 받았던 학자들, 그리고 문인과 예술인 등을 제외한다면 실명 외에는 다른 이름을 사용하지 않게 되었다. 하지만 실명만 부르는 모양을 마뜩지 않게 여기는 분위기는 면면히 이어졌다. 그럼에도 이름 말고 달리 부를 것은 없고, 이름에 붙여 고민 없이 두루 부를 수 있는 호칭이나 정교한 호칭체계도 마땅치 않았다. 호칭 문제를 둘러싸고 공개적인 토론을 벌이거나 공론을 조직해보려는 움직임도 거의 없었다. 그래서 호칭을 둘러싸고 자주 갈등이 빚어진다.

여사와
여사 사이

2017년에 『한겨레』에서 문재인 대통령 부인을 가리켜 '김정숙 씨'라고 적은 일로 꽤나 시끄러웠던 적이 있다. 대통령 부인을 낮잡아 표현함으로써 대통령까지 낮잡아 보는 분위기를 부추긴다는 비난이 거세게 일었고, 결국 한겨레신문사는 독자에게 사과했다. 이 일이 터지기 전에 '유쾌한 정숙 씨'라는 애칭이 소개되기도 했지만, 상황 맥락이 다른 두 장면에서 확실히 '씨'라는 지칭은 느낌이 사뭇 달랐다. 한 야당 국회의원이 문재인 대통령을 공격하면서 의도적으로 '문재인 씨'라고 말한 사실에서도 '김정숙 씨'라는 지칭이 얼마나 논란의 불씨를 안고 있었는지 잘 알 수 있다. 독자들은 '김정숙 여사'로 적을 것을 요구했고, 그 뒤 『한겨레』에서도 그렇게 적고 있다.

국어사전에서는 '여사(女史)'를 '1. 결혼한 여자를 높여 이르는 말. 2. 사회적으로 이름 있는 여자를 높여 이르는 말'로 풀이한다. 부르는 말이 아니라 이르는 말이니 호칭이 아니라 '지칭'에 가깝지만, 호칭으로도 쓴다. 과거에는 누구를 가리키는 말인 지칭과 부르는 말인 호칭을 엄격하게 구별하기도 했지만 요즘은 말살이가 많이 바뀌었다. 자녀를 "아들~", "딸~" 하며 지칭을 써서 부르는 부모가 꽤 많아졌고, 드라마에서도 "김 여사님~" 하고 부르는 장면이 오래전부터 자주 나왔다.

그런데 '여사'가 지칭이냐 호칭이냐 하는 시시콜콜한 문제 너머에 매우 야릇한 또 하나의 장면이 펼쳐진다. 외국계 유통기업 까르프에서 홈에버로, 지금은 홈플러스로 바뀐 대형할인 매장 비정규직 여성 노동자들이 회사의 비인간적인 대량 해고에 맞서는 과정을 그린 영화 〈카트〉. 홈에버 매장의 물건을 정리하고 계산대를 책임지던 여성 노동자들이 손수레(카트)로 벽을 치고 21일 동안 점거농성을 벌인다. 영화는 농성이 강제 해산된 뒤에도 510일 동안 싸워 '절반의 승리'를 거두고 10년에 걸쳐 나머지 반쪽의 승리마저 쟁취한 이 기나긴 싸움의 첫걸음까지만 그린다. 대형할인매장의 화려함과 풍족함 뒤에 마땅히 쉴 곳조차 없는 비정규직 노동자들의 어둡고 팍팍한 생활이 잘 대비되는 이 영화 안에서 회사의 남자 직원들, 관리자들은 중년 여성 노동자들을 '여사님'이라고 부른다. 그 존칭에 묻어 있는 평온과 품격을 무참히 짓밟으면서 말이다.

최근 우리 사회에서는 직함 없이 청소, 매장 정리, 손님 응대와 영업, 상품 계산 따위의 일을 하는 중년 여성 노동자들에게 대개 '여사님'이라는 호칭을 붙이고 있다. 이건 영화가 아니라 현실이다. '여사'가 결혼한 여자를 높여 이르는 말이니 이 쓰임새에 문제가 있는 것은 아니겠지만, 대통령 부인에게 '여사'를 붙이지 않았다고 법석을 떨었던 일을 떠올린다면 무언가 석연치 않다. 누구나 존엄한 인간이므로 할인매장이나 백화점에서 몸을 쓰며 일하는 여성 노동자든 대통령 부인이든 존칭으로 '여사'를 붙이는 게 마땅하다고 볼 수도 있다. 그러나 한때는 '국모(나라의 어미)'라고 떠받들던 대통령 부인이야 '여사'라

고 부르는 게 마땅하지만, 이 호칭을 일반인에게 마구 쓰는 건 호칭 인플레, 마음에도 없는 존칭으로 현실의 참혹함을 가리려는 화장술에 지나지 않는다고 비판할 사람도 있으리라.

두 장면 사이에는 넘을 수 없는 벽이 있는 듯함에도 호칭으로만 보자면 차이가 없어서 좀 혼란스럽다. 중년 여성 노동자는 국어사전의 1번 풀이처럼 '결혼한 여자'이고, 대통령 부인은 2번 풀이처럼 '사회적으로 이름 있는 여자'이니 둘 다 여사라고 부르면 되는 것일까? 그렇지만 대기업에 다니는 중년 여성 이사를 '여사'라고 부르지는 않는다. 그는 직장에서나 바깥의 모임에서나 '이사님'이다. 그래서 더더욱 중년 여성 노동자들에게 붙인 '여사님'이라는 표현에서는 높여준다는 느낌이 들지 않는다. 직장에서 직함이 아니라 '결혼한 여자'라고 불리는 셈이라서 그런 것 아닐까. 이렇듯 어떤 사회적 관계 속에서 사용되느냐에 따라 '여사'든 '씨'든 존칭의 힘을 잃는가 보다.

호칭은 인정의 문제고, 인정의 출발점이다. 이름을 불러주기 전에는 다만 하나의 몸짓에 지나지 않았지만, "내가 그의 이름을 불러주었을 때, 그는 나에게로 와 꽃이 되었다"라고 시인 김춘수는 노래했다. 짙든 옅든 사람들은 누구나 자기를 자기라고 인식하게 해주는 다양한 요소의 총체로서 정체성을 지니고 있다. 나이, 성격, 외모, 취미, 능력, 지능, 가족, 전공, 지위 등 삶의 다양한 단면에서 다양한 방식으로 나타나고 표현되는 이 정체성을 이름이나 호칭으로 응축하여 모두 표현할 수는 없지만, 누군가 나를 부르는 호칭에는 이 정체성의 일부분이 담겨있다. 그래서 사람들은 자신이 기대하는 호칭으로 불리길 원하고, 그런 기대와 현실이 어긋날 때 자신이 남에게 인정받지 못하고 있다고 여긴다. 그것은 곧 자신의 정체성에 대한 부정 또는 도전으로 느껴진다.

그런데 한국 사회에서 호칭은 단순히 정체성 인정의 문제에 그치지 않고 서열 인정의 성격을 강하게 띤다. 그래서 호칭을 둘러싼 갈등은 그 양상이 치열하고 졸렬하다. 한국 사회에서는 나날이 갑을관계가 추악하고 강고하게 발전하는 탓에 서열을 따지는 문화가 더욱 널리 퍼지고 있다. 그리고 호칭에는 그 사람이 사회에서 차지하고 있는 신분이나 지위를 뜻하는 '지체'가 압축되어 있으므로, 호칭이야말로 서열 인정의 리트머스 시험지 노릇을 한다. 강력한 서열 문화 속에서 마땅한 호칭으로 대우받지 못할 때 사람들은 자신의 서열을 인정받지 못한다는 불만과 모욕감을 느낀다. 과장으로 승진한 사람에게 계속 이전의 직함을 붙여 "김 대리님" 하고 부른다거나 너댓 살 어린 사람이 계속 "이건범 씨"라고 부른다거나 교정 시설의 재소자들이 교도관에게 "어이, 간수"라고 일제강점기의 직함을 부른다면 기분이 어떻겠는가? 호칭은 개인이 속한 크고 작은 사회에서 그의 정체성과 서열을 인정받으려는 욕구와 바로 맞닿아 있다.

호칭은
서열의
계급장

우리 사회에서는 사람들 사이에 지켜야 할 말 높이와 그에 어울리는 호칭이 있다고들 여긴다. 그런데 말 높이는 비교적 존대와 비존대가 뚜렷하게 구분되는 반면에 호칭은 그렇지 않다. 상대의 나이나 지위를 모를 경우에 말 높이에서는 존대하면 그만이지만, 뭐라고 호칭을 부를지는 분명하지 않을 때가 많다. 대개 호칭과 말 높임법은 함께 어울려 가는 것이면서도 높임법보다는 호칭이 더 문제를 일으킨다. 호칭은 높임법에 비해 다양하기도 하고 상황에 따라 느낌이 달라 사회적 합의가 옅기 때문이다.

요즘 들어 호칭 문제가 불거진 데에는 당연히 사회의 변화와 인식의 변화가 큰 몫을 했다. 옛날에는 신분과 나이에 따라 위아래 구별이 뚜렷했고 사람들이 서로 맺는 관계가 단순해서 그에 걸맞은 높임법과 호칭을 사용하면 별 문제가 없었다. 그런데 현대 사회로 넘어오면서 크게 세 가지 사정이 달라졌고, 이 때문에 호칭 문제가 복잡해졌다.

첫째, 신분제가 사라진 뒤 사람의 존엄과 인권, 특히 여성과 미성년자 같은 약자의 권리를 존중해야 한다는 목소리와 공감대가 높아졌다는 사정이다. 나이가 어리거나 아랫사람이라고 해서 옛날처럼 함부로 불러서는 안 된다는 공감대도 그만큼 커졌다. 둘째, 기업과 정부기관, 병원과 학교 따위의 공적인 사회조직이 늘어나고 사람들이 가정을 벗어난 사회생활에 거의 다 참여한다는 사정이다. 한 사람이 직장의 직원으로, 민원인으로, 손님이나 환자로 매우 다양한 공적 사회관계를 맺고 살아가는데, 그 관계마다 호칭이 달라지는 것이다. 마지막으로, 가족 말고도 운동과 취미 따위로 만나는 비공식 모임이 크게 늘어났다는 사정이다. 교통과 통신의 발달 덕에 이 사적 공간은 끝없이 확대되고 있고 과거에는 상상할 수도 없던 복잡한 관계 때문에 호칭을 고민하게 만든다.

현실과
관념의 충돌

그러나 호칭 문제는 단지 인간관계와 사회구성이 복잡해진 데
에서 비롯하는 것만은 아니다. 민주사회라는 '선언'과 갑질 사
회라는 '현실'의 충돌이 더욱 결정적이다. 과거의 신분질서가
해체되고 형식과 제도에서는 민주주의사회가 된 지금 우리
는 모두가 사람으로서 평등하다거나 평등해야 한다는 관념을
가지고 있지만, 너무나도 자주 세상이 공평하지 않다는 사실
을 체험한다. 대한항공 땅콩회항사건, 육군 대장의 공관병 갑
질 논란, 유명 통닭업체 사장의 갑질 횡포, 어느 대기업 회장의
운전기사 폭행과 욕설, 일부 문화예술인과 대학교수의 권력형
성폭력 사건 등에서 볼 수 있듯이, 과거의 양반-상놈 신분사회
는 사라졌어도 새로운 신분사회가 만들어져 갑-을-병-정 서
열이 날로 단단해진다. 현실과 관념 사이의 거리가 너무 멀어
서 이런 서열 문화는 더 큰 문제로 다가온다. 서열이 없어야 하
는 민주사회에서 실질적으로 서열이 매겨지고 그 서열 질서가
매우 강하게 작동하니 말이다. 그리고 서열을 표시하는 계급
장으로 호칭이 나름의 몫을 한다.

흔히 '갑질 사회'라고 말하는 새로운 신분사회에서 우리는 호칭이 나이와 지체에 걸맞은 대우와 연결되어 있다는 직관을 가지고 있기 때문에 호칭 문제에서 이런저런 어려움을 겪는다. 누구에게나 같은 존칭을 붙이는 것이 알맞지 않다든가, 반대로 차이를 두어 부르는 게 그리 공정하지 않다는 관념이 우리 머릿속에 어지럽게 깔려 있다. 보이지 않는 서열을 무시하고는 생존할 수 없고, 그 서열은 호칭과 높임법으로 더 단단해지니, 이런 문화 속에서는 위에서 밑으로 내리꽂는 일방통행을 거역할 수 없다. 다양성과 창의성, 반론과 토론, 처지를 바꾸어 생각하는 역지사지는 환영받지 못한다. 압제에서 벗어나려면 오로지 높은 자리에 올라가 권력으로 아랫것들을 밟고 군림하는 자가 되어야 한다. 그리고 그런 권력에 걸맞은 호칭과 존댓말을 들어야만 불안감을 떨쳐버리고 자존감을 확인할 수 있다. 진상 고객을 응대하느라 진이 빠질 대로 빠진 감정 노동자가 식당 아줌마한테 이것저것 지적하면서 분풀이하는 '서글픈 갑질'까지 일어난다. 이것이 갑질 사회의 병리구조다. 이런 관점에서 우리는 호칭이 한국 사회의 민주화와 깊은 연관을 맺고 있다는 점을 알 수 있다.

물론 서열 문화는 우리 현실에서 너무나도 강력하기 때문에

서열구조를 깨거나 강도를 약화시키는 일이 사회구조와 정신 문화의 전반적인 개혁 없이 말과 호칭의 변화만으로 이루어지기는 어렵다. 하지만 호칭 민주화는 서열 문화를 바꿔가는 출발점 구실을 할 수 있을 것이다. 호칭은 인정의 문제이므로, 호칭을 개혁함으로써 새로운 인정의 문화, 즉 '서열 인정'이 아닌 '인격 인정'의 문화를 시작할 수 있다. 사회적 인정의 형식이 바뀌어야 한다는 공감대와 함께 그 형식에 대한 합의가 일어나고 사회적으로 실행된다면, 점차 사회 전반의 말이 바뀌고 생활문화가 바뀔 것이다. 서로 존중하는 호칭으로 부르면서 아무렇게나 낮춤말이나 욕설을 내뱉을 수 없는 게 사람 마음 아니겠는가.

우리 사회의 호칭 민주화에서 관건은 '나이'와 '지위'와 '남녀'의 차이에 따른 호칭의 서열을 어떻게 녹여버릴 것인가 하는 점이다. 이 세 가지는 어쩔 수 없는 차이를 인격의 차이로 확대시켜 차별을 정당화하는 전통적인 서열 기준이다. 그런데 최근에 서열의 3대 기준이 흐트러지고 있다. 전통적으로 갑을 권력관계라고 여기던 질서가 뒤집히는 일이 이제는 그다지 놀랍지 않다. 나이 많은 남자 윗사람과 나이 어린 여자 아랫사람이 과거의 전형적인 갑을 권력관계였다면, 나이 어린 여자 윗사람과 나이 많은 남자 아랫사람, 나이 어린 남자 윗사람과 나이 많은 여자 아랫사람, 나이 어린 여자와 나이 많은 남자 동료 따위의 새로운 관계들이 예외적인 경우가 아니라 흔히 볼 수 있는 모습이 되었다. 호칭의 민주화는 이들의 대화와 관계의 민주화를 촉진할 것이다.

다만, 남녀차별 문제는 개선 정도와 무관하게 논의가 비교적 널리 일어나는 데 비해 나이와 지위의 높낮이에 따른 차별 문제는 별 의심 없이 받아들여진다는 점에 주목해야 한다. 호칭 문제에서도 남녀차별 문제는 공감대를 넓히기 쉬운 반면에 나이와 지위의 차이를 뛰어넘는 데에는 더 많은 문화적 각성이 필요하다. 성차별 해소는 근대에 들어 전 세계적으로 주목받는 과제가 되었지만, 나이나 지위에 따른 서열은 자연스러운 사회질서라고 받아들이는 경향이 강하기 때문이다. 왜 그런지 살펴보아야 호칭 민주화의 바탕을 다질 수 있다. 나이부터 짚어보자.

'나이가 깡패'인 나라

몇 년 전에 하와이에 사는 고등학교 동기와 통화할 기회가 있어 오랜만에 서로 목소리를 확인했다. 비록 고교 시절에 대단한 '절친'은 아니었지만, 그래도 그는 몹시 반가워하며 옛날이야기를 꺼냈다. 함께 기억할 만한 큰 사건 위주로 대화가 흐르던 중 갑자기 다른 동기 이야기를 하면서 옆집에 살던 그 친구가 자기를 형이라고 불렀다는 사실을 넌지시 흘렸다. 자신이 몸이 아파 2학년 때 휴학하는 바람에 1년 후배들과 함께 다시 2학년을 다녔고, 그래서 동기들이 자신에게 반말을 하는 것이 그다지 적절하지는 않았다는 말로 꼬리를 흐리면서. 존댓말이니 반말이니 구별이 거의 없는 미국에서 꽤 오래 생활했음에도 어린 시절의 그 기억이 몹시 억울했나 보다.

한국에서는 '나이가 깡패'라고들 한다. 깡패만큼 폭력적이

고 그만큼 비합리적이며 위협적임을 누구나 인정한다. 자기보다 나이가 어리거나 동갑이면 '야', '너'에 이름을 부르며 반말을 하고, 한 살이라도 나이가 많으면 '형', '언니'에 존댓말이다. 자신도 그렇게 대우받지 않으면 모욕당한 것마냥 매우 불쾌하게 느끼고, 상대를 버릇없는 사람이라고 여긴다. 사정이 어떻든, 상대보다 한 살이라도 나이를 더 먹었는데 반말을 듣는 건 대단히 기분 나쁜 일이라고들 생각한다.

　나이가 깡패이다 보니 쥐꼬리만 한 권력일망정 자기 멋대로 휘두르려고 나이를 속이는 일까지 일어난다. 범죄자들을 가둔 감옥에서도, 사교 모임에서도, 심지어 직장에서까지 자기 나이를 실제보다 높이는, 이른바 '고무줄 나이'를 만날 수 있다. 그만큼 나이로 서열을 매기는 원리가 강력하게 작동한다는 뜻이다. 그럼 왜 나이는 깡패 노릇을 하게 되었을까?

　먼저, 나이는 다른 무엇으로도 왜곡되지 않는 공평한 서열 기준이라는 믿음이 있어서다. 부모의 재력이나 집안 배경, 유전자와 재능 따위는 이렇게 저렇게 불공평하게 타고난다. 자라면서 학군과 학교 선택에서도 공평한 기회가 보장되지 않는다. 이 불공평은 출발선이 다르다는 사정 때문에 시간이 흐를수록 더욱 심해지기도 한다. 하지만 나이는 공평하다. 내가 노력한다고 해서 남보다 빨리 두 살씩 먹을 수도 없고, 돈을 쓴다고 해서 나이를 안 먹을 수도 없다. 그래서 나이는 사회적 조건이 결부되지 않은 자연상태에서 가장 공평한 서열 기준이라고 받아들이는 것이다. 나이에 따른 호칭과 높임법은 공평한 서열 기준에 걸맞은 권리와 의무일 뿐이다.

더구나 우리 사회에서는 초등학교에 들어가는 나이가 같고 고등학교를 졸업하는 나이도 거의 같으므로 나이는 성인이 되기 전까지 매우 강력하고 보편적이며 유일한 서열 기준으로 작동한다. 중고교 선배는 영원한 선배다. 선배가 후배를 구타한다든지 하는 학교 폭력의 그늘에는 영락없이 나이 서열이 깔려 있다. 후배가 건방지게 '꼬나보았다'는 이유만으로도 폭행의 명분이 되는 것이다.

그래서 그런지 입씨름하는 사람들 사이에서 '민증 까라'는 말이 나오는 걸 심심치 않게 볼 수 있다. 신분과 지위, 재산, 학벌, 학력 따위 사회적으로 서열을 매기는 기준을 다 제치고 나면 남는 건 결국 신체적 나이뿐인데, 누가 더 위인지 투명하게 나이로 판가름하자는 뜻이다. 이들의 마음속에는 다른 무엇보다도 나이가 공평한 서열 잣대라는 믿음이 깔려 있다. 그리고 이 믿음은 어릴 때부터 10대 청소년기를 거치며 언어를 매개로 내면화한다. 나이에 따른 서열 질서는 '선배(형, 언니)-후배(야, 너)'의 호칭 질서로, '존댓말-반말'의 말 높이 질서로 굳어버리고, 호칭과 말 높이 문화는 다시 나이에 따른 서열 질서를 정당화하며 강화한다.

유일하게
공평한 잣대?

아직까지 학벌이나 재력, 지위 따위 요소가 사람의 값어치를 재는 기준으로 작동하기 전이므로 청소년기에 깊이 박힌 나이 서열 잣대는 평생의 삶을 지배한다. 어떤 강고한 조직에 들어가 새로운 서열 잣대를 부여받지 않는 한, 나이는 서열을 따질 때 자연스러운 최상위 기준이 된다. 적어도 시간으로 보자면 대학생 시기까지, 그리고 공간으로 보자면 일터 바깥의 영역과 모임에서 나이는 최강이다.

우리 사회의 위계질서는 한 개인의 삶에서는 '나이'를 기준으로 처음 세워지고, 그것은 호칭과 높임말로 뚜렷하게 틀 지워져 굳는다. 나이 어린 사람은 나이 많은 사람에게 존칭과 존댓말을 써야 하고, 그 반대의 경우에는 아무렇게나 부르며 반말을 써도 되는 것이다. 가족과 친족 안에서 겪는 불편함도 주로 나이를 둘러싼 서열과 말본새에서 비롯한다. 가족관계상 정해진 서열과 나이 서열이 어긋날 때 소통의 심리적 기초가 흔들리는 것이다.

사실, 나이가 한 살이라도 많은 사람이라면 그만큼 헛되이 밥을 축내지는 않았으리라는 생각에 우리는 존경의 호칭을 쓰고 말을 높인다. 훌륭하든 모자라든 먼저 태어나 거친 세상을 먼저 살아간 사람에 대한 존경과 배려다. 그런데 이미 굳어진 세상 질서 속에서는 그런 미덕의 원리가 뒤집힌다. 먼저 태어나 많이 경험한 사람이니 높이는 것임에도 거꾸로 위아래 질서를 어기면 삐딱하고 무례한 짓이니 무조건 고개 숙이고 복종해야 한다는 식으로 말이다. 그러다 보니 나이 많은 '갑'으로서 들어야 할 존칭과 존댓말을 듣지 못하면 화를 내게 된다. 앞서 말했듯이, 자신의 권위와 성취와 힘을 인정받지 못했다는 불쾌감이 뱃속에서 비어져 나오기 때문이다. 서열 기준은 곧 인정 기준이다. 자신이 위아래 서열의 어딘가에 있다고 스스로 판단할 때 다른 이에게서 그에 값하는 대접을 받지 못하면 인정받지 못한다는 뜻으로 해석하게 마련이다.

그런데 이 자연적 평등에 기초한 서열은 어떤 방법으로도 바꿀 수 없는 것인지라 너무나도 폭력적이고 권위주의적이다. 아무리 노력해도 남보다 빨리, 더 많이 나이를 먹을 수 없으니 도무지 극복할 수 없는 기준이다. 오직 나이 든 사람들만의 천국이다. 그러니 한국 사회에서 나이는 사회적 불평등에 반감을 지닌 사람들이 자연적 평등을 빌미로 디미는 유일한 잣대이지만, 어찌 보면 못난 자들이 인정받기 위해 마지막으로 디미는 잣대가 되기도 한다.

나이 서열이 가장 정의로운 서열 기준으로 작동한다는 믿음은 그리 길게 유지될 수 없다. 그것은 못난 '을'의 바람일 뿐이라는 게 금방 드러난다. 청소년기가 지나면 존칭과 존댓말의 권위는 나이를 넘어선다. 권력관계를 규정하는 새로운 서열 기준이 생기는 것이다. 그리고 새로운 서열 기준과 나이라는 전통적인 서열 기준 사이에서 크고 작은 충돌이 일어나는 바람에 인간관계를 둘러싼 갈등이 증폭된다. 그 첫 무대는 대학이다.

요즘은 많이 바뀌었지만, 여전히 고등학교를 졸업하고 바로 대학에 진학하는지라 특정 나이대에 학생들이 몰린다. 그리고 같은 나이에 고등학교를 다니던 관계와 달리 재수생이나 삼수생처럼 한두 살, 혹은 네댓 살 많은 사람들이 동기로 함께 생활하는 새로운 경험을 하게 된다. 여기서 고등학교까지의 획일적인 생활과 딴판인 대학생활 속 인간관계를 학번 기준으로 정립할지 나이 기준으로 정립할지 혼란이 일어난다.

과거에는 군대 문화의 영향이 커서 대학에서는 학번이 계급과 같은 노릇을 했다. 학번이 높다면 그것은 '나이가 많더라도 아직 세상 물정 모르는 후배' 학번에게 반말을 할 수 있는 '사회 나이'로 작용했다. 재수 삼수한 신입생들이 현역으로 들어온 동기와 같은 학번이라는 이유만으로 반말을 들어야 했고, 자기보다 한두 살 어린 한 학번 선배에게 꼬박꼬박 존대와 존칭을 붙였다. 당시 대학가에서는 신체 나이보다 학번이라는 사회 나이가 더 의미 있는 나이라고 보았던 것이다. 이 전통은 상당히 약해졌지만 아직도 말끔하게 정리되지는 않았다.

그런데 이런 사회 나이에 대한 자각은 나이 말고도 다른 서열 기준이 있을 수 있다는 근거가 되어 직장의 계급으로 이어진다. 거기선 계급이 먼저고 같은 계급 안에서만 나이 서열이 작동한다. 특히 남자들은 군대에서 이런 계급 문화를 먼저 받아들인다. 그래서 남성 우위로 짜여진 우리나라 사회조직에는 지위 서열을 중시하고, 다시 그 안에서 나이 서열을 따지는 문화가 강하다.

갑질 사회,
나이를 조롱하는
지위 서열

가정과 학교를 벗어나 사회생활을 시작하는 순간 호칭과 높임
법은 몸 담은 조직 안의 직위, 조직 사이의 힘 관계, 상대의 지
체에 좌우된다. 우리 사회에서는 흔히 갑을관계라고 말하는
권력 서열이 호칭과 높임법 속에서 뚜렷이 드러나고, 거꾸로
권력 서열에 걸맞은 호칭과 높임법을 사용하는 것이 조직의
자연스러운 관행이라고들 여긴다.

　사회조직에서는 주로 직위, 직책, 직업을 부르는 이름인 직
함을 호칭으로 쓴다. 교수, 간호사, 변호사, 회계사, 박사, 기자,
피디 등 전문직 종사자에게는 직업 이름을 직함으로 부른다.
군대 계급처럼 직급이 엄격한 공무원 조직에서는 두어 직급을
아우르는 직위(예를 들어 사무관, 서기관)를 호칭으로 부르고, 단
위 조직을 책임지는 수준에 따라 과장-국장-실장 따위 직책

을 함께 사용한다. 공공기관들도 대개 비슷하다. 기업에서는 대리-과장-차장-부장-이사(상무, 전무)-사장의 직위(또는 직책)를 호칭으로 사용한다. 요즘은 일의 성격과 조직 규모에 따라 팀장, 본부장이라는 직책을 호칭으로 널리 쓰는데, 바깥에서 보기에는 조직마다 규모 차이가 심해 조직 안의 서열을 가늠하기 어려울 때가 많다. 과장이 되지 못한 나이 많은 사무관을 '팀장'이라고 부르는 공무원 조직도 있고, 기업에서는 대여섯 명부터 백여 명까지 규모가 천지 차이인 팀들을 이끄는 사람을 다들 팀장이라고 부른다.

과거에는 조직의 직위 서열과 나이 서열이 크게 충돌을 빚지 않았다. 사람들의 생애 주기가 거의 비슷하고, 일본의 영향을 받은 조직 문화 탓에 근속 연수나 나이가 늘어감에 따라 직위가 올라가는 연공서열을 중시했기 때문이다. 따라서 나이와 직위가 통합적으로 위아래 질서를 잡는 바람에 호칭과 높임법은 전형적인 상하 수직관계였다. 아랫사람은 윗사람의 직함에 '님'을 붙이고 높임말을 썼으며, 윗사람은 아랫사람의 직함만 부르거나 직함이 없을 때엔 이름 뒤에 '씨'를 붙이고 낮춤말까지는 아니더라도 반말을 썼다. 이런 문화는 1980년대 후반의 민주화로 정치적 권위주의가 무너진 뒤에도 큰 변화가 없었으나 결정적으로 1997년 외환위기를 겪으면서 혼란에 빠졌다. 나이와 직위가 발을 맞추는 연공서열체계가 순식간에 무너진 것이다.

근본적으로는 정부의 자본시장 개방과 외환정책에서 외환위기의 원인을 찾아야 했지만, 국제통화기금(IMF)과 외국의 경제평론가들은 한국 경제가 무너져내린 원인을 관 주도 경제, 정경유착, 관치금융, 재벌의 대마불사식 부실 경영, 연공서열 등 한마디로 전근대적인 기업 경영이라고 진단했다. 특히, 신기술과 시장 변화에 능동적으로 대처하려면 개방적이고 유연한 인사제도와 조직 문화가 필요한데, 군대식 상명하복 문화, 연공서열체계가 이를 막아왔다는 것이다. 현실과 거리가 먼 진단은 아니었지만, 이는 외국 자본 입장에서 내놓은 시장 개방 논리인 동시에 기업 구조조정의 주문이었다. 곧 부실기업 퇴출과 감원 등 대규모 구조조정이 일어나 수많은 기업이 무너지고 노동자들은 거리로 쫓겨났다.

능력과 실적에 따른
서열 호칭

외환위기를 거치면서 이제 아무도 '평생 직장' 신화를 믿지 않게 되었고, 평가의 잣대도 달라졌다. 과정이 아니라 결과가 중요하다고 누구나 목소리를 높였다. 직장에 들어와서 능력을 키울 게 아니라 애초부터 기업은 능력 있는 사람만 뽑아야 했다. 능력에 차이가 남에도 더불어 살자는 가치는 빛이 바래고, 잘하는 사람에겐 분명하게 보상하고 못하는 사람에겐 분명하게 불이익을 주어야 했다. 나이를 먹을수록 자연히 경험과 지식이 쌓여 업무 능력이 높을 것이라는 기대는 버려야 했다. 더 이상 나이는 능력이 아니었다. 능력은 나이와 무관하게 학벌과 경력 등으로 표현되고 실적으로 증명되는 것이어야 했다. 이때부터 나이에 발목 잡히지 않고 젊은 사람일지라도 높은 자리에 앉히는 파격 인사가 기업 사회에서 두루 일어난다.

위험이 클수록 보상은 두둑하다는 벤처 성공 신화, 옳은 것이 성공하는 게 아니라 성공한 것이 옳다는 힘의 논리, 세계 시장에서 통할 경쟁력을 키워야 한다는 무한 경쟁 분위기 속에서 우리 사회는 '1등만 기억하는 더러운 세상'이 되었고, '실적'이 유일하고도 명백한 서열 기준으로 자리 잡았다. 실적은 능력의 결과라고 간주되었으므로 자본주의사회의 분배 원리인 능력주의에도 어긋나지 않았다. 좋은 실적을 거두고 있거나 실적을 낼 수 있다고 평가되는 한, 그 사람은 선악 판단에서 '선'의 자리를 차지하고 승진과 연봉으로 그 평가를 확인받았다. 따라서 실적 서열은 조직 속의 사람관계에서건 조직과 조직의 관계에서건 노골적인 갑을 권력관계로 재편되었고, 갑은 을에게 무슨 짓을 해도 괜찮은 현대판 노예주처럼 굴었다. 직함 호칭은 능력과 실적에 따른 서열의 계급장이었고, 여기에 나이 따위의 시장 밖 요소가 개입할 틈은 없어졌다. 나이 들어 승진하지 못하는 사오정은 조직을 떠나야 했다.

사회 어디서나 촘촘한 갑을 지위 서열이 작동하고, 대부분은 이 사회질서를 자연질서로 받아들인다. 누구나 존엄한 인간이라는 믿음은 단지 헌법에 적힌 선언에 지나지 않고, 현실에서는 모두들 이 서열을 인정하며 서열의 윗자리에 오르려 발버둥친다. 일터에서 호칭과 높임법은 이 서열 질서를 확인하는 신분증 노릇을 한다.

갑을 서열 문화는 기업과 관청 같은 업무조직 바깥의 소비자 이용 시설에도 널리 퍼졌다. 사람들이 소비자의 권리에 눈

을 뜨면 기업의 탐욕을 견제하면서 시장을 건전하게 이끌 수 있다. 그런데 사태는 이상하게 꼬여갔다. '손님은 왕'이라고 소비자를 떠받들면서 '고객 만족'을 부르짖고 구매를 부추기는 마케팅 전략이 1990년대 중반부터 유행하더니, 이것이 갑을 서열 문화와 뒤섞여 비뚤어진 소비자 권력을 만들어냈다. 이른바 진상 고객, 자신이 갑임을 과시하고 싶어 하는 지질한 손님들이 편의점과 식당, 온갖 가게에서 활개치기 시작했다. 종업원들을 무시하고, 자기 맘에 들지 않는다고 심하게는 폭행과 해고 위협까지 서슴지 않는 오만한 소비자들이 생겨난 것이다.

소비자와 직접 마주하는 가게에서는 이런 갑을 서열 문화, 즉 갑질에 대처하고자 자연스레 두 가지를 바꾸었다. 하나는, 고유어인 '손님'보다 좀 더 존대하는 말이라고 여기는 한자어 '고객님'을 호칭으로 쓰기 시작했고, 분야에 따라 '사장님', '사모님'과 같은 호칭을 남발하여 소비자에게 아부하려 한 것이다. 다른 하나는 서술어에 무조건 존경을 표시하는 어미 '-시'를 붙이는 접대 언어를 사용하게 된 것이다. "커피 나오셨습니다"처럼 손님이 아니라 커피를 존대하는 사물 존대가 일어나게 된 배경에는 바로 이런 갑질 문화가 도사리고 있다.

이렇듯 사회적 지위 서열은 자연적 나이 서열보다 사회생활에서 한결 더 강력한 지배력을 행사하고 있다. 그렇지만 나이와 지위 서열에 따른 호칭과 높임법이 사회 전반의 경향일지라도 거기엔 변화의 불씨가 꺼지지 않는다. 나이와 지위 서열 사이의 충돌, 기존 서열체계를 뒤흔든 성평등 요구, 갑을 서열에 맞서는 여론, 수직적 서열체계가 가져온 부작용 따위가 새로운 호칭과 높임법 문화를 요구하거나 실천하면서 기존 문화를 위협하는 것이다.

호칭
기상도의
밑그림

우리 사회의 호칭은 서열 문화의 영향을 매우 강하게 받고 있어서 서열에 걸맞게 인정받으려는 욕구가 호칭의 적절함을 잰다. 즉 기대한 대로 불리지 않으면 자기 서열을 인정받지 못했다는 불만으로 이어진다. 호칭으로 표상되는 인정 욕구의 핵심은 나이와 사회적 지위에 따라 부르는 말이 구별되어 정해져 있다는 통념이다. 여기서 관건은 대개 자기보다 나이가 많지 않거나 지위가 높지 않아 보이는 사람에게 어떻게 불리는가 하는 문제다. 이런 통념은 예절, 태도라는 이름으로 하나의 도덕적 관행처럼 굳어져 사람들의 의식을 지배해왔다. 그런데 지난 30년 동안 자유화, 정보화, 세계화, 양극화 등 사회가 빠르게 변하면서 호칭에 관한 전통적인 통념은 다음과 같은 도전을 받게 되었다.

첫째, 지체의 높낮이를 호칭으로 표현하는 문화는 과연 정의로울까? 서열이 있는 조직에서야 직위를 부르는 게 어쩔 수 없다지만 그 밖의 인간관계에서도 호칭으로 서열을 확인하거나 서열 냄새 풍기는 호칭을 강요해도 되는가?

둘째, 기업처럼 위아래 지위 서열이 엄연한 곳에서는 호칭의 서열화가 불가피한가? 서열에서 좀 더 벗어난 호칭은 불가능한가? 그리고 호칭이 서열을 표현한다면 호칭 인플레는 그저 입발림으로만 볼 게 아니라 호칭 평등의 욕구와도 이어진다고 봐야 하지 않을까?

셋째, 나이 차이와 남녀 차이 같은 자연스러운 차이를 서열로 만들었던 전통적인 관념은 오늘날에도 여전히 유효한가? 차이를 인정하면서도 서로 배려하는 새로운 호칭 문화는 불가능한가?

이러한 도전은 서로 동기가 다른 지향 또는 저항이 뒤범벅되어 일어났다. 가정에서는 대가족의 완벽한 해체와 여성 권리의식의 상승, 젊은 부모의 가부장적 권위주의 탈피, 자녀수의 감소에 따른 자녀 우대 등이 전통적인 호칭과 높임법 문화를 하찮게 만들었다. 사회 전체적으로는 권위주의에 대한 반발과 인권의식의 고양으로 차별을 없애고 지체와 관계없이 누구나 배려해야 한다는 생각이 명목상으로는 새로운 가치로 떠올랐다. 기업 등의 조직에서는 연공서열과 수직적 문화가 조직의 창의성 향상과 소통을 가로막는다는 비판이 경영진과 직원 양쪽에서 일었고, 노동자에게 최소한의 인간적 권리를 보장해야 한다는 요구도 높아갔다. 그리고 사람들은 매일 온라인에서 얼굴도 나이도 모르는 누리꾼과 댓글을 주고받으면서 막말과 욕설 따위에 경계심이 커졌고, 그만큼 자신의 대화 예절을 돌아보게 되었다. 이런 변화는 우리 사회의 호칭과 높임법에도 어떠한 개선이 필요하다는 자각으로 이어졌다.

기존의 통념은 여전히 강고하지만 변화의 물결도 그리 만만치 않다. 최근 페이스북에 올라온 어느 회사 대표이사의 글은 기존의 통념과 새로운 문화가 충돌하는 양상을 아주 잘 보여준다. 기업체 사장인 김지수 대표는 어느 날 번개 모임에 갔다가 자신의 절친한 선배를 따라온 그 회사의 나이 어린 대리 직급 여성을 처음 만났다. 김 대표네 회사 제품을 무척 좋아한다고 하여 기쁘고 반가웠단다. 그런데 식사를 하면서 그 여성은 김 대표를 계속 '김지수 씨'라고 불렀다. 그를 데려온 선배가 왜 대표님이라 부르지 않고 누구 씨라고 부르냐며 조심스럽게

주의를 주었다. 곧 당혹스럽고 당돌하게 느껴지는 대답이 돌아왔다. "지금 여기는 각자 일과 후 자발적으로 모인 사적인 자리인데다가 저분은 저희 회사 또는 제 업무와 연관되지도 않았고, 저희 회사 대표도 아니잖아요?" 순간 뜨악하고 싸한 분위기….

모임을 마치고 돌아오면서 김 대표는 그 장면을 다시 곱씹었다. '내가 사적인 자리에서 처음 본 사람에게 김지수 씨라는 호칭을 들었을 때 왜 당혹스러운 기분과 순간적 불쾌함을 맛보았을까?' 그는 평소 듣던 '대표님'이라는 당연한 호칭을 듣지 못한데다가 상대가 '대리'라는 직급을 가진, 적어도 열 살은 어려 보이는 여성이라서 그랬던 것 같다고 그 순간적 불쾌함의 정체를 분석했다.

김 대표는 결국 자신이 '남존여비 사고와 지위에 따른 갑을 서열 이데올로기가 체화된 권위주의적 아재 또는 꼰대'라는 결론에 이르고는 순간 소름이 쫙 끼쳤다. 반성의 의미로 그는 업무와 관련 없는 이들을 만났을 때는 그냥 자기 이름에 '씨'자를 붙여달라고 권유할 방침이라고 밝혔다. 그가 이 글에 붙인 부제는 '꼰대 또는 아재 탈출법'이다.

이 갈등 상황은 이미 우리 사회에 전통적 호칭 관행을 거부

하는 세대 또는 문화가 그저 '튀는 수준'이 아니라는 점을 알려 준다. 글에 달린 댓글의 수나 내용을 봐도 그랬다. 하지만 해법은 뚜렷하지 않다. 아직은 사람들 사이의 인식 차이가 크고 토론은 너무 부족하다. 사실 김지수 씨는 우리 주변에서 쉽게 찾아보기 어려운, 매우 개방적인 사고와 반성적 통찰력을 지닌 사람이다. 사회생활을 하는 이라면 누구나 겪었을 법한 상황을 그저 '똥 밟았다'는 불쾌한 기억으로 넘겨버리지 않았으니 말이다. 하지만 많은 사람이 이런 상황에서 당혹감 그 너머로 나아가는 데에 어려움을 겪는다. 우리 사회의 호칭 문화가 지닌 복잡함 때문이다.

오해의 소지가 없는 호칭을 두루 사용하라

이 사건에서 우리는 호칭 민주화를 모색할 때 고민해야 할 두 가지를 발견할 수 있다. 첫째는 우리네 호칭이 명확하게 정의되거나 합의되지 않은 채 상황의 맥락에 꽤나 영향을 받는다는 점이다. '씨'라는 호칭이 그 대표 선수다. 둘째는, 한 사람이 삶에서 맺는 관계가 매우 다양하고 다면적이라는 점이다. 나이에 따라, 삶의 주요한 영역에 따라 우리가 겪는 호칭 문제의 양상이 다를 수 있다. 그러므로 호칭 민주화를 이룩하려면 한 개인이 맺는 다양한 관계에 분석적으로 접근해야 하고, 그 속에서 상황 맥락의 영향을 가장 덜 받는 보편적인 호칭을 찾아가야 한다. 문제 풀이 과정이 단순하지 않다.

먼저 맥락 의존성을 짚어보자. 앞서 '씨'라는 호칭을 둘러싼 논란을 살펴봤지만, 지금까지 우리 사회에서 두루 쓰던 호칭은 상황 맥락에 따라 높임의 말빛과 낮춤의 말빛이 모두 묻어나는 경우가 많다. 예를 들어, 서로 잘 모르는 사람들이 자잘한 다툼으로 말을 섞다가 엉켰을 때 "당신이 뭔데 그런 말을 합니까?"라고 하면 바로 험악한 답이 돌아온다. "뭐, 당신? 그렇게 말하는 당신은 몇 살이야?" 이쯤 되면 멱살잡이 직전이니 뜯어 말려야 한다. 이럴 때 '당신'은 누가 봐도 약간 아랫사람, 나이나 지위에서 나보다 약간 낮다고 여기는 사람에게 '너'라는 말 대신 막돼먹지 않은 말로 쓰는 호칭이다. 일상 대화나 부부 사이의 대화에서, 그리고 문어적인 표현에서는 '너'보다 훨씬 높여주는 말로 사용하는데 이상하게도 험악한 분위기에서는 오히려 낮잡아 이르는 구실을 한다. 이렇듯 어떤 호칭은 상황 맥락에 따라 나이와 지위에 걸맞다고 받아들여지기도 하고 푸대 접받는다고 느끼게도 한다. 김지수 대표가 업무 바깥의 만남에서는 '김지수 씨'로 불러달라고 해도 '씨'가 지닌 말빛 때문에 어떤 사람은 여전히 불편함을 느낄 것이다. 따라서 당분간 우리네 호칭의 강력한 맥락 의존성을 털어버리기는 쉽지 않겠지만, 그럼에도 맥락 의존성이 덜한 호칭의 사용 범위를 넓히는 게 호칭 민주화에서 하나의 방안이 될 것이다. 그렇다면 오해의 소지가 적은 호칭을 두루 사용하는 전략이 타당하리라.

다음으로, 개인이 삶에서 맺는 관계의 다양성, 다면성을 고려해야 한다. 누구든 단 하나의 호칭으로 불리지는 않는다. 집-학교, 집-일터만 시계추처럼 되풀이하는 삶이 아니라면 우리는 생활의 다양한 자리에서 다양한 사람들과 만나 다양한 관계를 맺는다. 그러니 호칭에 쏟는 관심의 양상과 강도도 저마다 다를 수 있다. 나이 어린 학생이라면 주로 한 살 차이 선후배나 남녀 사이의 호칭 또는 친구들 사이에서 부르는 별명이 가장 큰 관심거리일 것이다. 대학생이라면 학번과 나이가 어긋나는 선후배 사이의 호칭이 골칫거리일 것이다. 젊은 직장인이라면 마땅한 직함이 없어 이름 끝에 '씨'만 붙여 불리는 게 마뜩지 않을 수 있다. 어디 동호회나 동아리 모임에 가서도 마찬가지다. 그나마 친하다고 이름만 불러대는 일도 흔한데, 아주 친한 사람이면 모를까, 안 그럴 땐 좀 떨떠름하다. 중년은 중년대로 힘들다. 나이 어린 상급자나 나이 어리고 직급도 낮지만 자기 일의 명줄을 쥐고 있는 외부의 '갑'을 불러야 할 때가 있고, 그 반대의 경우도 있다. 여성은 여성이라서 힘들다. 직장에서건 시댁의 가족관계에서건 여전히 전근대적인 시선과 '여자'라는 차별을 받기 일쑤다. 그리고 우리는 대개 한 가지가 아니라 '중년+여성+직장인'처럼 삶의 여러 단면을 오간다.

이런 복잡한 관계 속에서 호칭 문제들을 한꺼번에 다 해결할 수는 없다. 특히 문화의 민주화는 제도의 민주화와 달리 단칼에 이뤄지지 않는다. 문제 상황 가운데 우리가 가장 자주 만나는 상황, 거의 누구나 예외 없이 만나는 상황부터 하나씩 호칭의 민주화를 풀어가야 한다. 먼저 호칭을 둘러싸고 어디에서 어떻게 갈등이 빚어지는지 짚기 위해 구체적 상황에서 한 걸음 벗어나 생각을 정리하자. 우리네 삶에서 맺는 인간관계의 주요한 속성과 이 관계를 규정하는 해당 사회의 성격을 추상화하여 이 두 가지 요인에 따라 우리의 시야를 다소 단순하게 정리해보자.

친분 정도와
관계의 성격에 따라

자, 누구는 겨우 한 살 위인데 반말에 내 이름만 부르고, 누구는 다섯 살 위임에도 내게 존댓말에 '씨'를 붙이는 경우가 있다. 나보다 나이 든 사람이긴 마찬가지인데 이 둘과 내가 맺는 관계의 차이는 무엇일까? 한국 사회에서 이런 차이는 친분의 정도에 따라 일어난다. 친분이 두터우면 겨우 한 살 위임에도 내게 반말을 하거나 이름만 부르는 게 전혀 이상하지 않지만, 친분이 성글다면 다섯 살 위일 경우라도 내게 반말로 이름만 부르는 건 어마어마한 무례다. 김지수 씨의 절친한 선배는 아마도 김지수 씨를 이름으로만 부르거나 '님' 자를 빼고 '김 대표'라고 불렀을 테고 반말을 섞어가며 이야기했을 것 같다. 공식적인 업무 협의 자리가 아니라 사교 모임이었기에 그러지 않았을까? 절친한 선배의 이런 호칭이 김지수 씨에게는 아무렇지도 않았을 테고.

그렇듯이, 오랫동안 봐온 한 살 아래 여성이 동호회에서 '지수 씨'라고 부르는 것과 처음 보는 열 살 아래 여성이 '김지수 씨'라고 부르는 것, 직장에서 대표 직함을 놔두고 나이 어린 부하 직원이 '김지수 씨'라고 부르는 건 하늘과 땅과 바다의 차이다. 그리고 이런 차이는 친분의 정도만이 아니라 대화가 일어나는 모임의 성격에서도 비롯한다. 김지수 씨 역시 업무와 관련 없는 사람들을 만나면 이름에 '씨'만 붙여 불러달라고 하겠다는 뜻을 밝혔는데, 결국 그것은 '업무'를 매개로 만나는 사람과 그렇지 않은 사람은 관계를 규정하는 만남의 성격이 다르다는 인식이 있어서다.

이렇듯, 호칭에 대한 느낌은 어떤 이가 남과 맺는 인간관계가 친밀하고 유대감이 높은가 하는 정서적인 친분 감정과, 그런 호칭을 사용하는 만남의 성격이 공적인지 사적인지에 따라 달라진다. 주위의 눈이 다르기 때문이다. 그리고 어떤 사회에서 본인이 느끼는 친분 수준에 비해 푸대접받는 호칭으로 불린다면 기분이 상한다. 역시 호칭 문제는 부르는 자의 문제가 아니라 불리는 자의 문제다. 남이 자기를 부르는 호칭을 어찌 느끼느냐 하는 문제고, 앞서 말했듯이 인정 욕구와 이어져 있다. 그리고 그 인정 욕구는 인간관계의 친밀성이라는 속성과 대화관계의 사회적 성격에 따라 달라진다.

호칭 기상도의
네 영역

우리는 친분의 정도와 만남의 사회적 성격에 따라 한 개인이 생활하는 영역을 크게 네 가지로 나눌 수 있다. 사적 관계에는 가족처럼 친분이 두터운 영역과 사교 모임처럼 친분이 상대적으로 성근 영역이 있다. 공적 관계에는 직장처럼 친분이 두터운 영역과 공공시설이나 영업 장소처럼 친분이 전혀 없는 영역이 있다. 이를 그림으로 나타내면 다음과 같다.

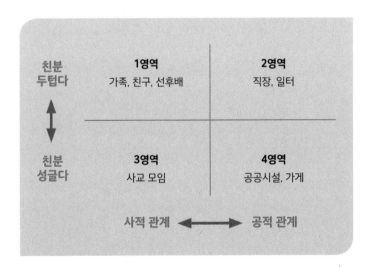

1영역에서 나는 한 가족의 구성원으로서 '여보, 아빠'라고 불리며, 친구들에게는 '건범아'라고 불린다. 2영역인 일터에서는 '대표님'으로, 일로 만나는 사람에게서는 '이 대표님, 이 선생님'이라고 불린다. 동아리이자 사교 모임에 해당하는 3영역의 합창단에 가면 '건범 씨, 형, 오빠, 건범아, 건범 샘'으로 불리고, 다른 모임인 마라톤 동호회에서는 별명인 '아리아리'로 불린다. 병원이나 은행, 세무서처럼 공공적 성격이 강한 4영역에서는 '이건범 님, 이건범 씨, 선생님'으로 불리고, 4영역 중 영리적 성격의 대중 공간인 식당, 가게 같은 곳에서는 '사장님, 손님, 고객님, 아버님, 아저씨'로 불린다. 나는 어떤 호칭에는 매우 익숙하고 어떤 호칭에는 눈살을 찌푸린다.

한 사람이 맺고 살아가는 다양한 관계를 무 자르듯이 잘라서 모두 네 영역 가운데 어디에 딱딱 배치할 수는 없다. 멀리 있는 친척보다 가까운 이웃사촌이 더 낫다는 말처럼 사교 모임에서 만난 사람이 형제보다 더 친밀할 수도 있다. 직원수가 적은 직장 가운데 어떤 곳은 규모가 큰 동호회 이상으로 사적인 관계가 강할 수도 있다. 그렇지만 이런 예외적인 관계나 여러 영역의 특성이 포개진 관계는 살아 있는 현실의 생생함 정

도로 생각하고, 흔히 가정하는 친분의 정도와 만남의 성격에 따라 관계를 추상화하여 본다면 우리는 57쪽의 도식과 같은 네 가지 영역으로 인간관계를 나눌 수 있다.

이렇게 영역을 나누고 보면 '호칭 민주화'의 과제가 영역마다 다르다는 점을 바로 꿰뚫을 수 있다. 1영역과 같이 친분이 두터운 사적 관계에서는 남녀차별 전통이 위력을 떨치는 가족 호칭 말고는 사태가 그리 심각하지 않다. 2영역처럼 친분이 두텁고 공적인 관계에서는 주로 지위에 따른 서열이 호칭과 높임말 문화를 좌우하고, 3영역처럼 친분이 성근 사적 관계에서는 주로 나이에 따른 서열이 호칭과 높임법 문화를 좌우한다. 그렇다면 두 영역에서는 지위와 나이 서열의 힘을 어떻게 줄일지에 고민을 집중해야 한다. 4영역처럼 친분이 없거나 매우 성근 공적 관계에서는 서열구조가 없거나 '손님-판매자'처럼 서열이 매우 단순하다.

이제 이 네 영역의 호칭 기상도를 차례로 그려보겠다. 아무래도 쉬운 문제부터 푸는 게 좋으니, 먼저 4영역의 호칭 문제를 살펴보자.

공공 호칭,
'님'과
'선생님'

사람 사이의 친분이 거의 없는 공적 공간으로 쉽게 떠올릴 수 있는 곳은 동주민센터와 시·군·구청, 세무서 따위 공무 시설, 병원과 은행 따위 다중 이용 시설, 식당이나 할인매장, 가게 같은 상거래 시설이 있다. 이 세 종류의 공간 가운데 공무 시설과 다중 이용 시설은 비슷한 성격을 띠고, 나머지 상거래 시설은 특징이 다르므로, 크게 둘로 나누어 호칭 문제를 살펴보자.

공무 시설과 다중 이용 시설에서 맺는 관계의 특징은 창구 담당자들이 방문하는 사람의 이름을 비롯한 최소한의 신상 정보를 파악할 수 있다는 점이다. 그들은 방문자의 이름을 불러 방문자의 요구를 듣고 문제를 해결한다. 과거에는 방문자의 이름 뒤에 '씨'를 붙여 불렀다. 한때 병원에서 환자를 부를 때, 은행이나 세무서, 경찰서, 동사무소 따위에서 민원인을 부를 때 나이와 관계없이 '이건범 씨'라고 불렸던 듯하다.

그러나 검찰 같은 특수권력기관을 제외한다면 공무 시설과 다중 이용 시설에서 '씨'라는 호칭은 대부분 사라졌다. 이 말이 비교적 지위가 낮은 사람에게 붙이는 호칭이라는 인식이 널리 퍼져서 그렇다. 주로 회사에서 아무런 직함이 없는 평사원을 부를 때 허전해서 붙이고, 사회에서도 특별한 직함이 없는 사람들, 특히 일용직 막노동을 하는 사람들을 부를 때 '씨'라고 하다 보니 그리 되었다. 신문과 방송에서 주로 다루는 소재인 범죄의 피해자나 가해자, 피의자를 가리킬 때도 늘 '씨'를 붙이다 보니 어떨 때는 범죄의 냄새마저 난다. 그래서 어엿한 직함을 가진 사람에게 '누구 씨'라고 부르면 무시한다며 화를 낸다. 앞서 본 김지수 씨 사례가 이런 분위기를 아주 잘 보여준다.

요즘 상황을 보자면, '씨'는 직장에서 윗사람이 직함 없는 평사원을 부를 때, 남녀 연인이나 부부가 서로를 부를 때, 약간 격식을 갖춰 대화하는 사이에서 나이가 좀 적은 사람을 부를 때, 신문과 방송에서 사건 보도에 등장하는 사람들을 가리킬 때, 아무 친분도 없는 사람의 이름을 다른 공간에서 언급할 때, 검찰처럼 비교적 딱딱한 일부 공공기관에서 민간인을 부를 때 여전히 생명력을 지닌 호칭이지만, 많은 곳에서 '님'에게 자리를 내주고 있다. 요즘에는 무정형의 다중이 모이는 곳이라면 이름 뒤에 '님'이라는 의존명사를 붙이는 것으로 호칭이 정리되고 있다.

'님'은 '님의 침묵'과 같은 명사, '부장님'처럼 직함 뒤에 붙이는 접미사로 쓰이다 1980년대부터 편지 받는 이에게 붙이는 '귀하'를 대신하여 의존명사로 쓰이기 시작했다. '씨'를 대체한 이 호칭은 그다지 거부감 없이 거의 모든 4영역에서 잘 사용된다. 이는 이 호칭이 1990년대 초반 컴퓨터 통신이 활발해졌을 때 누리꾼들이 자율적으로 정한 통신 예절에서 일시에 대중화되었기 때문이다. 서로 나이나 외모, 사회적 지위 등을 전혀 모르는 통신 공간에서 별명 뒤에 누구나 평등하게 '님'을 붙이는 것이 호칭상의 복잡한 문제를 한꺼번에 해결해주는 방안이었던지라 대부분의 누리꾼이 이런 통신 예절을 받아들였다. 이 예절이 병원 등의 실생활 현장에도 퍼진 것이다. 그리고 온라인 대화 문화가 더 활발해지면서 별명이나 이름에 '님'을 붙여 부르는 문화가 여기저기로 퍼졌다.

따라서 나이나 사회적 지위 등을 일일이 따질 수 없는, 또 그럴 필요가 없는 공간에서는 이름 뒤에 '님'을 붙이는 게 공평하고 분명한 예절로 자리 잡았다. 다만, 한 번 이름 뒤에 '님'을 붙여 부른 후에도 계속 그리 부를 것인가는 좀 생각해볼 문제다. 이름 대신 부를 대명사 호칭 같은 게 필요할 때가 있다.

모호함을 덮는 호칭, 선생님

중국에서는 '선생(先生)'이라는 호칭을 성에 붙이거나 아예 그것만으로 앞에 있는 사람을 높여 부른다. 우리도 '선생님'이라는 말을 많이 사용하기는 하는데, 중국과 달리 이 말이 '교사'와 겹치는 뜻인지라 선뜻 받아들이지 않는 사람들도 있다. 언뜻 남자들에게만 어울리는 호칭으로 들리기도 하는데, 중국에서는 대개 남자들에게만 사용한다고 한다. 하지만 한국에서는 '선생'이라는 호칭이 점차 남자를 넘어 여자에게도 사용되면서 사용 범위가 넓어지고 있다. 게다가 이 호칭은 친분관계가 없는 경우와 친분관계가 있는 경우에 모두 사용할 수 있는 강점을 가지고 있다. 병원에서 의사도 처음엔 '이건범 님'이라고 부르다가 상담을 시작하면 '선생님'이라고 부른다. 또한 학계뿐만 아니라 다양한 영역에서 서로 잘 아는 사람들이 격식을 차리며 말할 때도 '선생님'이라고 부른다.

이름까지 부르긴 뭐하고 서로 직함을 모를 때나 직함을 부를 필요가 없을 때, 또는 직함을 부르는 것이 누군가를 소외시키는 상황일 때 좀 더 적극적으로 '선생'이라는 호칭을 사용하길 권한다. 예를 들어 개신교 교회에서는 '집사, 권사'라는, 일종의 지위를 표시하는 직분을 호칭으로 사용한다. 그런데 이런 교인들 스무 명과 개신교를 믿지 않는 사람 열 명이 모였을 때 서로 어떻게 부르면 좋을까? 교인이 다수라고 해도 그들이 서로의 직분으로 불러대면 교인이 아닌 사람들을 위축시키는 꼴이 된다. 이렇게 모호한 상황에서 호칭 문제를 명쾌하게 해결하기란 쉽지 않다. 하지만 상황이 모호하면 모호할수록 좀 더 두루 부를 수 있고 구체적인 신상이나 지위를 드러내지 않는 호칭이 좋으므로, '선생님'이라고 통일하여 부르는 게 호칭의 민주화로 가는 길일 것 같다. 특히 이름을 알 수 없는 다수를 상대로 강의나 토론을 할 때, 수강자가 성인이라면 누구에게든 '선생님'이라고 부르면 무난하다.

여성은 직함이 없을 때 '누구 부인, 누구 엄마' 따위로 불리는데, 한 동네 사람이라면 모를까 좀 더 공적인 자리에서는 그런 가정 상황을 알 수 없으므로 뭐라 부르기조차 어렵다. 이 역시 '선생님'으로 통용한다면 호칭에서 남녀차별을 줄일 수 있다. '여사'라는 호칭은 좀 더 사적이고 사람수가 적은 자리에서 부르는 호칭이며, 다중 앞에서는 매우 지체 높은 여성에게만 붙이므로, 공개된 공간이라면 '여사'라는 호칭을 편하게 마구 쓰기 어렵다.

병원과 공공기관에서 '선생님' 대신 남성에게 '아버님', 여성에게 '어머님'이라고 부르는 경향이 늘고 있는데, 이 호칭은 결혼하지 않은 사람들에게 차별받는다는 느낌을 주고 듣는 이에게 문화적 충격을 주기도 한다. 유치원이나 학교처럼 자녀를 매개로 맺어진 관계가 아니라면 바람직하지 않다. 더구나 '아버님, 어머님'이라는 호칭에서는 일종의 가식이 느껴지기도 한다. 이런 곳에서도 이름에 '님'을 붙이거나 '선생님'으로 부르는 게 무난하다.

상거래 호칭의 숙제

공무 시설이나 다중 이용 시설에서 대면하는 사람들의 호칭은

'님'으로 통일되어 정리되고 있지만, 상거래 시설에서는 복잡하기 이를 데 없다. 손님은 대체로 '손님, 고객님'으로 불리지만, 나이가 좀 있으면 '사장님, 여사님, 아버님, 어머님, 언니' 따위로 아무 정체성 없이 불린다. 영업 경쟁이 치열할수록 호칭 인플레도 심하다. 상거래 시설에서 일하는 사람들을 부르는 말도 근본이 없기는 마찬가지다. 일반적으로는 '여기요, 저기요'를, 매장에서는 주로 '언니, 아가씨, 젊은이'를, 식당에서는 '사장님, 아줌마, 이모, 고모, 언니'를 제멋대로 부른다.

전통이 길고 규모가 큰 조직에서는 직함이 호칭 역할을 하는 한편, 간호사, 변호사, 교수처럼 직업 자체가 호칭이 되는 경우도 많다. 그렇다면 호칭이 마땅치 않은 직업에는 과감하게 이름을 붙이고 이 이름을 새로운 호칭으로 사용하는 건 어떨까? 한국여성민우회는 식당에서 음식을 나르고 상을 차려주는 분들을 '아줌마, 이모, 고모' 대신 '차림사'로 부르자고 제안했다던데, 그들은 지금까지 어떤 호칭으로도 자신의 정체성을 확인받지 못했다.

실제로 이런 비정규직, 새로 생겨나는 일자리 이름을 무어라 부를지 고민하는 경우가 많다. 그럴 때 우리는 어찌하면 좋을까? 그들의 정체성을 표현해줄 직업 이름을 지어야 한다. 물론 직함을 만든다 하여 사람들이 당장 그렇게 부르지는 않을 것이다. '청소부'가 하는 일의 가치를 훨씬 돋보이게 지은 이름 '환경 미화원'이 있지만 사람들은 대개 '아저씨'라고 부르듯이 말이다. 중국의 식당에서는 '샤오지에(아가씨)'라고 부르기도 하지만 '푸우위엔fuwuyuan(복무원)'이라는 직함으로 음식을 차리거나 시중을 드는 사람을 부른다. 말 문화는 계속 바뀌므로 훗날을 대비해 이름 없는 일자리, 새로운 일자리에 번듯한 이름을 붙이는 일을 쓸데없다고 내팽개쳐선 안 된다.

마지막으로, 상거래 시설에서 일하는 사람의 호칭이 매우 혼란스럽거나 뿌리가 없는 현실을 어떻게 볼 것인지 한 번 짚고 넘어가자. 우리 사회에서 '아저씨, 아줌마, 아가씨'는 말빛이 불순하다는 딱지가 붙어 있다. '아저씨'는 뭔가 음흉하고 고루하며 시대에 뒤처진 남자, '아줌마'는 질서를 무시하고 제 것만 챙기는 나이 든 여자, '아가씨'는 술집에서 일하는 젊은 여자라는 식으로 말이다. 그래서 이 낱말들을 호칭으로 사용하면 불편해질까 봐 '이모, 언니, 사장님' 따위 쓰임새가 다른 호칭을 대신 사용한다. 그렇다면 우리는 이 낱말들을 쓰지 말고 사전에서도 쫓아내야 할까? 호칭이 마땅치 않아 가장 즐겨 쓰는 '여기요, 저기요, 저요'와 같은 부름은 듣는 이를 무시하는 말이라고 할 수 있을까? 이런 질문에 명쾌하게 답을 내릴 수는 없다. 가게 따위 공간은 주인과 손님 사이에 친밀감과 개인 정보가 거의 없기 때문에 이런 막연한 호칭이 자연스럽다고 느끼는 사람들도 많다. 우리는 아직 답을 모른다. 다른 무엇보다도 이 분야에서 일하는 사람들이 자신들을 이렇게 저렇게 불러달라고 호칭을 제안하는 게 가장 바람직하리라.

직장의
호칭
혁명

앞서 김지수 씨는 업무 외의 사적인 관계에서는 '대표'라는 직함 대신 '씨'라고 불러달라고 했지만, 업무관계에서도 직함을 떼어버린 기업, 조직들이 있다. 직장의 호칭 혁명이 일어나고 있는 것이다.

회장-사장-전무-상무-부장-차장-과장-대리-사원. 거칠게 정리하자면 한국의 기업에는 대개 이런 순서로 직위 서열을 부르는 직함이 있다. 현실에서건 드라마에서건 과장 승진, 부장 승진이야말로 월급쟁이들의 로망이다. 3급, G3 등 어떻게 표현되든 대체로 기업에서는 사원의 능력과 일한 기간, 실적, 발전 가능성 등을 재서 직급을 매기고, 어떤 직급에 이르면 대리니, 과장이니 하는 직위를 부여한다. 그리고 '이건범 사장님, 이건범 대리님'처럼 직위의 이름인 '직함'으로 사람들을 부르던 게

인정의 출발점, 서열의 계급장: 한국 사회 호칭 기상도

기업의 전통적인 호칭 문화였다. 직함은 다르지만 공무원, 공기업, 연구소, 공공시설, 시민단체에서도 사정은 마찬가지였다. 이 문화는 여전히 우리 사회에서 지배적이다. 잦은 대화에서는 그저 직함 뒤에 '님'만 붙이면 그만이니 복잡하지 않다.

그런데 이 같은 호칭 문화는 두 가지 문제를 일으킨다. 첫째, 직함이 없지만 숫자는 많은 하급 직원들을 소외시킬 위험이 크다. 이들을 부를 말이 마땅치 않아 이름 뒤에 '씨'를 붙이거나 '여사님'으로 부르는 등 궁여지책으로 지내왔는데, 이런 호칭은 통합보다 차별의 감정을 부풀린다. '씨'라는 호칭은 이미 낮은 사람이라는 말빛을 강하게 띠고 있으므로, 직함 있는 사람들과 이들을 차별한다는 느낌을 지울 수 없다. '여사님' 같은 호칭은 직업 세계에서는 벗어나 있는 비전문가 어감이 강하니 약간은 무능하고 하찮다는 느낌을 준다. 둘째, 직함에서 뚜렷하게 드러나는 서열을 한층 더 강화함으로써 조직의 수평적, 창의적 소통을 가로막는다. 아무리 자유롭게 대화하려고 멍석을 깔아도 자연 서열인 나이도 위이고 사회 서열인 직위도 상급자임이 노골적으로 드러나는 호칭 앞에서 대화는 기울어진 운동장을 벗어날 수 없다. 외환위기 뒤에 이 두 가지 문제는 점차 더 불거졌다.

우리다 같이
님 부르기 해요!

수직적인 서열을 노골적으로 드러내던 기업 등의 호칭 문화는 권위주의에서 벗어나려는 사회 전반의 노력에도 영향을 받았다. 국가 권력의 권위주의에 맞서, 노동자를 소모품처럼 다루는 기업의 탐욕에 맞서, 크건 작건 과거의 기득권을 누리던 사람들에 맞서, '돈도 실력'이라는 황금만능주의에 맞서, 여성과 장애인 등 약자를 깔아뭉개고 비뚤어진 눈으로 바라보는 편견과 차별에 맞서 참으로 많은 사람들이 싸웠다. 호칭과 높임법 또한 이런 싸움으로 바뀐 사회 지형 속에서 새로운 국면을 맞게 되었다. 영화 〈카트〉의 뒷이야기에서 우리는 그런 의미 있는 변화의 어떤 전형을 볼 수 있다.

〈카트〉의 현장이었던 할인매장 홈에버는 인수합병을 거쳐 이제 홈플러스로 바뀌었다. 홈플러스에서 일하는 사람들은 사장부터 점장, 매장의 막내에 이르기까지 모두 이름에 '님'만 붙여 서로를 부른다. '님 부르기 운동'이 일군 성과다. 처음 제안은 2011년에 '한마음협의회'라는 노사대표자회의에서 나왔고, 노동조합에서도 적극 나섰다. 당시 사장이 직접 모든 직원

에게 'OOO 님'으로 시작하는 전자우편을 써서 이 합의 내용을 알렸고, 직원들도 'OOO 님'으로 사장에게 응답하면서 님 부르기의 막이 올랐다. 처음엔 문화 충돌이 있었고, 지금도 간부끼리 회의할 때면 직함을 부르지만 매장에서는 점장이건 막내 직원이건 모두 'OOO 님'으로 부르고 있다. 일하는 사람이 많으니 일일이 직위를 기억하여 부르는 것보다 훨씬 효율적이고, '님'으로 부르다 보니 자연스레 모두 존댓말을 쓰게 되어 서로 존중받는다는 느낌이란다.

당시 노조에서는 직위가 어떻든 노동자들은 다 같으니 서로 존중하자는 뜻으로 이 운동을 벌였다. 과장, 부장 등의 직함은 업무를 나누는 직책일 뿐이므로 사람 사이의 상하관계를 규정해서는 안 된다고 보았던 것이다. 그때까지 직함 없는 남성 직원들은 'OOO 씨', 대개 남성 직원보다 나이가 많았던 여성 직원들은 존중해주는 차원에서 '여사님'이라 불렀다고 한다. 회사에서는 '님 부르기 운동'을 적극적으로 지원했다. 이 운동을 벌이면서 모든 매장에 "우리 다 같이 님 부르기 해요"라는 알림막을 걸었다. 한편, 회사도 이 운동을 적극 펼쳐야 할 동기가 있었다. 2008년에 홈에버를 인수했을 때 홈에버 직원들의 직급과 홈플러스 직원들의 직급이 달라 혼선이 많았다고 한다.

결국, 노조 쪽의 의지와 회사의 필요가 만나 모든 직함 호칭을 없애고 '님'으로 정리한 것이다.

수직적 문화에서는 창의적인 생각과 사업 구상이 나올 수 없다고 느낀 기업들의 호칭 개선 움직임도 만만치 않다. 직함 호칭을 없애고 '님'으로 먼저 부르기 시작한 곳은 일반적인 예상과 달리 중소기업이 아니라 대기업이라고 한다. 2000년부터 씨제이(CJ)그룹이, 2002년부터 아모레퍼시픽이 직함 호칭을 없애고 이름 뒤에 '님'만 붙여 부른 것이다.

지금은 영화 제작과 영화관 씨지브이(CGV), 유선방송 티브이엔(tvN)으로 잘 알려진 씨제이그룹은 식품, 생명공학, 오락 매체, 유통 등 4대 핵심 사업 부문을 주축으로 국내에서만 3만 5000명이 일하는 대기업인데, 1993년 삼성그룹에서 독립할 때만 해도 식품기업인 제일제당 말고 내세울 게 없었다. 제당은 독과점 사업이었던지라 매우 권위적이어서 사업다각화가 어려웠다. 조직 문화가 수직적이라 발전에 장애가 되고 새로운 성장 동력을 찾기 어렵다는 생각에 당시 그룹을 이끌던 이재현 회장은 2000년 1월부터 수평적 문화와 창의력을 강조하며 직함 호칭을 없애고 모두 이름에 '님'만 붙여 부르자고 제안했다. 그는 자신을 '이재현 님'으로 부르라고 강제했다고 한다.

호칭이 바뀌면서 조직의 창의력과 종합적 기획력이 높아졌고, 새로 충원된 사람들과의 갈등을 푸는 데에도 크게 도움이 되었다고 한다. 팀장, 담당 등으로 이어지는 직책과 직급은 있지만 호칭은 철저히 이름에 님을 붙여 부르고, 간부회의에서도 그렇게 부른다. '님'으로 부르다 보니 모두 존댓말을 쓰는 문화가 자리 잡았다.

직원 4500명의 에스케이(SK) 텔레콤은 2005년에 사원-대리-과장-부장으로 이어지던 직위를 없애고 모두 '매니저'로 통일했지만, 2018년부터는 그마저도 없애고 대표이사부터 모두 이름에 '님'만 붙여 부르기로 했다. 윗사람 눈치 보지 말고, 아랫사람 생각 잘 받아들이면서 위아래 없이 수평적으로 일하자는 취지다. 2005년 호칭 개선 뒤에도 매니저들은 여전히 선배는 '매니저님'이라고 부르고 후배는 '매니저'라고만 불러 수직적 서열 문화가 사라지지 않았다는 반성의 결과였다. 조직에 따라서는 별칭을 써도 된다. 간부들끼리도 이름에 '님'만 붙여 부르는데, 부자연스럽다는 반응도 있지만 젊은 층에서는 거부감이 없다. 반말을 하는 건 이러한 호칭 혁신의 취지에 맞지 않는다는 캠페인도 진행하고 있다.

호칭 혁명이 매우 자연스럽고도 활발하게 일어난 곳은 역시 젊은 기업들, 특히 정보통신 분야의 기업들이다. 인터넷 포털 다음은 창립 때부터 이름에 '님'만 붙여 부르다가 카카오와 합병한 뒤로는 '마틴', '앤디' 같은 외국어 별명으로 부른다. 우리나라 최대 인터넷 기업인 네이버도 얼마 전부터 전통적인 직함을 모두 없애고 이름에 '님'만 붙여 부른다. 일부 간부를 '총괄님'처럼 직함으로 부르는 경우도 있지만 전체적으로는 '○○○ 님'이라는 호칭이 자리를 잡아가는 과정이다. 그리고 넥슨을 비롯한 수많은 게임, 정보통신 분야의 업체들이 이름에 '님'만 붙이는 호칭 문화를 세워왔다. 최근에는 엔씨소프트도 대리, 과장 등의 직함을 모두 없애고 이름에 '님'만 붙여 부르기 시작했다. 물론 개발자가 아닌 사무직군에 속하는 조직에서는 전통적인 호칭체계가 남아 있지만, 정보통신 회사에서는 직함이 서열체계라기보다는 책임 소재를 가리는 수준이라서 별 쓸모가 없다는 판단이 작용한 것 같다. 전자상거래 업체인 쿠팡에서는 별칭 뒤에 '님'만 붙여 부르고, 젊은 화장품 기업인 에이피알(APR)그룹도 이름에 '님'만 붙여 부른다.

어쨌거나 수직적인 조직 문화를 몰아내는 데에 효과가 있다고 보아 기업의 호칭 혁명은 대체로 위로부터 추진된다. 이들 기업에서는 호칭 혁명 덕에 실력을 중시하는 문화, 수평적인 조직 문화가 자리 잡았다고 스스로 평가한다. 그리고 강제적이지는 않지만 대개 자연스레 존댓말을 사용한다. 최근 새로 문을 연 새싹 기업들 사이에도 '님'으로 부르는 문화가 상당히 빠르게 퍼지고 있다.

그러나 모든 기업이 이름에 '님'을 붙여 부르는 문화가 좋다고 보지만은 않는 것 같다. 직함 호칭을 없애고 이름에 '님'만 붙여 부르던 어느 중소 디자인 회사에서는 이 호칭 문화가 별 실익이 없어 다시 직함 호칭으로 돌아갔다. 특히 나이 차이가 나는 사람들이 많다 보니 어린 사람들은 부르기 힘들어하고 나이 든 사람들은 듣기 힘들어하는 통에 오히려 소통에 방해가 되었다고 한다. 직원이 많은 기업은 상대적으로 관료화가 빠르게 진행되므로 위로부터 수평적 문화를 요구하고 강제하는 게 절실하지만, 작은 기업은 조직 문화가 다분히 인간적이기 때문에 굳이 직함 호칭을 없앨 필요를 못 느낀다는 평가다. 조직 분위기가 억압적이지 않다면 반드시 수평적이어야만 창의력이 높아진다고 단정 지을 수는 없다.

직함 호칭을 완전히 없앴던 것은 아니지만 전통적 호칭을 파괴했다가 과거로 되돌아간 기업들도 있다. 한화그룹, 케이티, 포스코 등은 여러 직위를 통합하여 주로 '매니저'라고 부르다가 과거의 전통적인 직위 호칭으로 되돌아갔다. 업무 권한을 명확하게 하고 동기를 부여하는 차원에서, 또는 외부에서 여전히 과거의 직함을 사용하고 있어서 어쩔 수 없이 되돌렸다고 한다.* 기업 내부의 결정구조와 인사평가체제가 바뀌지 않는다면 호칭 파괴만으로는 수평적인 조직 문화를 일굴 수 없다는 비판도 만만치 않게 나온다.

그러나 이들 대기업들이 과거의 직함 호칭으로 돌아간 일을 가지고 호칭 혁명의 의의를 깎아내릴 수는 없다고 본다. 호칭 혁명을 철저히 추진하지 못한 채 어중간하게 절충했기 때문에 부작용이 도드라져 과거의 직함 호칭으로 돌아갔다고 이 사태를 해석할 수도 있다. 호칭 혁명을 일으켜 기업 문화를 바꿔보겠다는 최고 경영진의 의지가 약했거나 아니면 추진 의도가 조직 관리 효율을 높이는 데에 그쳤기 때문에 실패한 것은 아닌지 다시 살펴보아야 한다.

* 함승민, 〈기업의 호칭 변화와 의미〉, 「말과 글」 2017년 겨울 제153호, 한국어문기자협회, 9쪽

상하 구분에서
친분 구분으로

호칭 혁명은 기업에서만 일어나는 건 아니다. 한국의 대표적인 여성 대중운동 단체인 한국여성민우회에서는 대표를 포함한 상근 직원과 회원들이 '시원', '미몽' 같은 현대판 '호'를 별칭으로 부른다. 1987년에 세워진 여성민우회는 1990년대부터 별칭을 부르자는 제안이 있어서 이렇게 부르기 시작했다. 당시에 상담하러 온 사람들, 그리고 '한 부모 사업'에 함께한 사람들이 이름을 밝히길 꺼리는 경우가 있어서 별칭을 쓰기 시작했고, 이런 문화가 조직 전체로 퍼져나갔다고 한다. 과거에는 여성들이 높은 직위에 오르기 어려웠고, 일하는 여성들은 대개 직함 없이 '미스 김'이니 '김 양'이니 하는 식으로 불렸다. 이런 남성 위주의 직함 호칭이 위계서열이나 권위주의를 강요한다는 평소의 비판이 있었기에 조직 전체에 별칭 문화가 자연스레 뿌리를 내렸다. 하지만 별칭 뒤에 '님'을 붙이지는 않는다. 일상생활에서 벌어지는 차별의 표상이나 장치의 하나로 서열 표현 호칭을 꼽지만, 그럼에도 획일적인 존댓말 문화는 바람직하지 않다고 보아 별칭 뒤에 '님'을 붙이지는 않는 것이다. 현재 한국여성단체연합, 여성의전화 등 여성단체들과 공동 육아 모임들에 이와 같은 별칭 문화가 꽤 널리 퍼져 있다. 공동 육아 모임에서는 부모와 교사, 아이들이 모두 별칭으로 서로를 부르는 새 문화를 일구고 있다고 한다.

직함이 있는 조직의 문제점으로 높임법 문화도 빼놓을 수 없다. 우리 사회에는 높임말과 반말이 있는데, 요즘 들어 이를 사용하는 방식이 조금씩 변하고 있다. 이 둘은 나이 많고 지위 높고 힘센 '갑'과 나이 적고 미천하며 힘없는 '을' 사이의 관계에서 쓰였다. 전통적으로는 '나이 많은 남자 윗사람-나이 어린 여자 아랫사람'이 직장에서 볼 수 있는 전형적인 권력관계였다면, 전에는 예외적이었던 조합들이 이제는 널리 나타난다. 극단적으로 '나이 어린 여자 윗사람-나이 많은 남자 아랫사람'의 관계도 드물지 않게 볼 수 있다. 새로 나타나는 이 서열에서 전통적으로 갑의 지위를 점하고 있던 '나이 많은 사람, 남자'들이 '나이 어린 사람, 여자'들에게 높임말과 반말을 섞어가며 헷갈리게 사용하는 일이 잦다.

다행스럽게도 직장과 같은 공조직 안에서는 나이와 지위, 남녀의 차이 없이 모두 높임말을 쓰는 게 좋다는 대화 문화가 상당히 자리를 잡아간다. 지금 우리는 높임말과 반말이 위아래 구분으로 작동해야 하느냐, 아니면 친한 정도에 따른 말법으로 남아야 하느냐 하는 판단의 경계에 서 있는 것 같다. 나이 많은 윗사람은 나이 어린 아랫사람에게 반말을 하고, 아랫사람은 윗사람에게 높임말을 하는 식이 아니라 높임말에는 서로 높임말, 친한 사이에서는 서로 반말을 하는 식으로 말이다. 우리 시대는 높임법이 상하 구분에서 친분 구분으로 넘어가는 과도기로 보인다. 대개 호칭과 높임말은 서로 연결되어 격을 맞추지만 공적인 관계에서는 높임말-높임말이 자리를 잡아가고, 사적인 관계에서는 과거의 서열 의식과 현재의 친분에 따른 사용 관행이 공존한다. 젊은 부모와 자녀 사이에 서로 반말을 한다고 그저 '아이를 버릇없게 키운다'고만 탓할 수는 없는 것이다.

이 2영역의 미래 기상도는 어떨까? 시간이 흐를수록 전통적인 호칭 문화가 통용되는 기업과 단체에도 '님'으로만 부르거나 별칭을 부르는 문화가 자연스레 스며들 것 같다. 하지만 강요할 수는 없다. 이는 높임법에서도 마찬가지다. 나이를 중시하는 사람에게 누구한테나 존대해라, 또는 서로 친한 사이에는 나이와 무관하게 반말을 해도 된다는 원칙을 강요할 수는 없다. 우리는 이런 차이의 공존을 인정하면서 합의 수준을 높여가야 한다.

사적인
자리에서
더 어려운 숙제

직장의 호칭은 비교적 통일적인 조직 문화의 산물이라 전통적인 직함 호칭을 사용하든 좀 더 수평적인 호칭 문화로 변신하든, 자잘한 혼선은 있더라도 조직 안에서 공개적이고 공식적으로 해결될 가능성이 크다. 불편함과 갈등은 사적인 성격이 강하지만 친분은 두텁지 않은 호칭 기상도의 3영역에서 주로 일어난다. 사람들의 자발적인 의지에 따라 모인 동호회나 주민 모임, 한 다리 걸쳐서 만나게 되는 모임 따위 사교 모임에서 호칭의 어려움을 자주 겪는다. 어디서나 서열 질서를 강요하는 나이 잣대, 개인의 삶에서 매우 중요한 정체성을 형성하는 지위 잣대, 그리고 전통적인 서열의 고정관념이 뒤죽박죽으로 섞여서 그렇다.

사교 모임에서는 나이가 천차만별이라 세대 차이에 따른 문화 차이를 조심해야 하는데, 한두 살 차이가 더 미묘한 갈등을 빚을 때도 있다. 또한 사회생활에서 분명한 직함으로 불리는 사람들과 자유 직업인, 주부처럼 직함이 없거나 직함이 서로 통용되지 않는 사람들이 뒤섞이는 문제도 있다. 서로 어떻게 불러야 할지 그야말로 눈치와 판단력이 매우 중요하다.

사교 모임은 직업 조직은 아니지만 매우 탄탄한 조직력을 갖춘 동아리 수준의 동호회부터 아주 느슨하게 엮인 친목 모임까지 다양하다. 이런 모임에서는 대체로 나이가 사람 사이의 관계를 결정하는 편이다. 친한 정도에 따라 서로 거북살스럽지 않은 방식으로 부른다. 친하면 '형, 형님, 누나, 누님, 오빠, 언니'가 자연스럽고 그렇지 않을 때는 나이 많은 사람에겐 '선생님'이나 줄임말인 '샘'을 붙여 부르고, 직함 뒤에 '님'을 붙여 부르기도 한다. 나이 어린 사람에게는 '씨'를 붙이는 편이다. 주로 이런 관계에서 나이를 놓고 신경전을 많이 벌인다. 동갑내기끼리 말을 트고 이름만 부르기도 조심스럽다. 그렇다고 지체 서열이 아예 작동하지 않는 것도 아니다. 직함 번듯한 사람들이 평소의 직함대로 불리지 않았을 때 느끼는 상실감이나 피해의식도 이 영역에서 호칭의 혼란을 부채질한다.

'꼰대' 김지수 씨의 반성

존경스러운 꼰대 김지수 씨가 성찰한 경험은 우리 사회의 호칭 문화가 얼마나 서열 인정 욕구에 휘둘리는지 잘 보여주었다. 그는 '나이'가 열 살 정도 어린 '여성', 게다가 '직위'는 대리 정도로 아직 낮은 이에게서 '김지수 씨'라고 불렸을 때 왜 당황스러웠는지 반성하면서 이런 결론에 이른다.

> "해당 호칭과 관련 있는 공적인 일이 아님에도 사적 자연인들의 자리에서 호칭을 바라고 또 불리는 것은 일종의 지나친 의전이다. 셀프 의전이자 사회적 집단 의전이다. 이는 결국 권위주의적 사고에서 비롯된 것이다. 그리고 권위주의는 집단주의, 전체주의에서 흔히 볼 수 있는 정서다. (…) 개인이 존중받는 사회라면 사적 자리에서 호칭은 오히려 거북하고 어색한 것이 될 것이다."

그는, 비록 모두 다는 아닐지라도, 부와 명예와 권력을 좇는 사람들이 자기 직함으로 불리길 원하고, 과장급 이하 사람들은 사적 모임에서 자신의 직함으로 불리길 원하지 않는다는 우울한 현실을 간파하고 있다. 변변치 못한 자리에서 일하는 이는 자연인 사이에서 호칭이 없다는 이야기다. 그의 글은 참으로 많은 페이스북 친구(페친)들의 공감을 얻었고 댓글도 많이 달렸다. 특히 권위주의적인 꼰대들한테 염증을 느낀 사람들의 반응이 아주 뜨거웠다. 사적인 사교 모임에서까지 자신의 부와 명예와 권력의 상징인 직함으로 불리길 원하는 사람들이 실제로 매우 많다는 증거라고 보인다.

그러나 꼭 그렇게만 보지 않는 시선도 있다. 어른을 존중하는 유교문화가 한국의 정체성 중 하나이며, 그 장단점을 사회생활에서 충분히 겪고 있다는 이원제 교수(상명대)는 이렇게 댓글을 달았다.

"유교문화에 뿌리를 두는 그 정체성이 좋고 나쁘고의 문제가 아니라 우리의 디엔에이(DNA)의 일부라고 생각합니다. 어떤 사람이 ○○ 씨라고 부름으로써 모임의 분위기가 갑자기 싸해지기도 하고 누군가의 기분이 나빠지기도 하는 이유에는 이런 여러 사회문화적인 배경이 깔려 있었기 때문이 아닐까…."

그는 다음과 같은 해법을 제시한다.

인정의 출발점, 서열의 계급장: 한국 사회 호칭 기상도

"저도 선생님이란 호칭을 쓰는데 괜찮은 거 같더라고요. 한국에서 ○○ 씨라고 부르기엔 그동안의 사회문화적인 배경상 싸한 분위기를 만들 가능성이 있어서 (…) ○○ 님도 있고. 한국 사회에 더 적절한 호칭은 찾아보면 더 있을 거라고 생각되네요…."

또 다른 페친 김지영 님도 비슷한 생각을 밝힌다.

"한국 사회가 초면인, 그것도 나이가 본인보다 많은 상대에게 ○○ 씨를 사용하는 게 익숙지 않은 문화라는 걸 알면서 굳이 자기 방식대로 표현하고 그 생각을 관철하려 했다면… 깨어 있는 젊은 세대가 아니라 무례일 수도 있다는 생각이 강하게 드네요. 지나친 의전까지는 아니어도… 상대에게 대표님이든 선생님이든 많은 '님'을 적절히 넣는 게 존대의 표현이고… 여기서 사람을 대하는 인품과 교양도 드러나는 건데… 나이가 많건 적건 상대를 호칭으로 예우하는 건 '꼰대문화'가 아니라 그냥 '존대문화'일 수도 있어요. 호칭과 인사 예절에 너무 길들여진 삶을 살아서인지 어려워요."

김지수 씨는 이런 반응에도 일리가 있음을 인정하면서 자신

을 '아무개 씨'라고 불러달라고는 했지만, 그래도 나이 많은 사람에게는 '선생님', 나머지 사람들에게는 경우와 상황에 따라 '씨'나 '님'을 쓰겠다고 답한다. 특히 비슷한 연령대나 같은 직종 사람들의 사적 만남에서는 '누구 씨'라고 하는 것이 오히려 거북한 분위기를 만든다면서.

이 사례를 통해, 직함으로 불리길 원하는 경향은 자신의 사회적 지위를 과시하려는 태도로 비쳐지고, 평등한 관계를 강조하려는 경향은 자칫하면 듣는 이의 상처를 고려하지 않은 무례로 비칠 위험이 있다는 두 가지 현실을 알 수 있다. 이와 같은 양극단의 거리를 좁히면서 상황 맥락 의존성이 가장 적은 호칭을 찾아내고 공감대를 넓히는 게 바로 3영역에서 호칭 민주화를 풀어갈 길 아닐까?

확장성 높은 새 호칭 '샘'

사교 모임에는 직함 있는 사람과 직함 없는 사람이 공존하므로 직함을 내세워 부를 경우에 직함이 없거나 직함이 낮은 사람을 소외시킬 위험이 크다. 일단 우리가 사교 모임과 같은 사적 성격이 강한 관계에서 직함 호칭을 기대하는 의식이 권위주의의 표출이라는 평가에 동의한다면, 그다음엔 나이 잣대를 어떻게 넘어설 것인가가 이 영역에서 호칭 민주화의 숙제로 남는다. 대부분 경험했겠지만, 매우 친한 친구나 선후배 사이가 아니라면 우리는 이 영역에서 쓸 만한 호칭으로 '선생님'과 이를 친근하게 줄인 '샘', 그리고 '님'과 '씨'를 답으로 가지고 있다. 이 호칭들은 어떤 관계에서 사용하는 게 바람직할까? 그리고 이런 서너 가지 호칭을 섞어 써도 괜찮을까? 사회 어디서나 합의된 것은 아니지만, 최소한 다음 방안 정도는 우리가 받아들일 수 있지 않을까 싶다.

첫째, 나이를 따지지 않고 누구에게나 '씨'만 붙이는 건 부담스럽다. 본인이 그렇게 불러달라고 원하지 않는 한, 자기보다 나이 많은 사람에게 '씨'를 붙여 부르면 기분 나빠할 사람이 많다. '씨'는 그냥 이름만 부를 정도로 친한 사이는 아니지만 그래도 서로 친밀하다고 느끼는 사이일 때 자기보다 나이 어린 사람과 동갑내기에게 붙이는 게 무난하다.

둘째, 나이 많은 사람에게는 '선생님'이라고 부르는 게 서로 편하다. '형, 오빠, 언니, 누나'라고 부를 만큼 친하진 않더라도 제법 친밀한 관계라면 '선생님'의 친근한 줄임말인 '샘'을 붙여도 무리가 없다. '이건범 샘, 건범 샘, 샘'으로 부르는 방법이다. '샘'은 딱딱하지 않으면서도 예의는 갖추고 있다는 느낌인지라 확장성이 매우 높은 새 호칭이다. 3영역뿐만 아니라 2영역의 개인 용역 업무, 4영역의 민원 업무에서도 널리 사용될 수 있다. 친하다는 감정을 서로 느끼지 못한 경우라면 '선생님'이 안전하지만 그렇게 부르는 게 멋쩍으면 '님'만 붙여서 부르는 것도 생각해볼 수 있다. 여기서 관건은 나이 많은 사람이 어린 사람에게서 이름 뒤에 '님'만 붙여 '이건범 님'이라고 불렀을 때 기분이 어떨 것인가 하는 점이다. 우선 이런 호칭이 이성 간에는 큰 문제가 없는 것 같다. 나이에 따른 서열 인정 욕구는 동성 간에 더 강하게 작동하므로 남성과 남성, 여성과 여성 사이에서 이 호칭이 통할지가 궁금하다. 여러 호칭이 뒤죽박죽인 모임 분위기에서는 '님' 호칭이 객관적으로 거리를 유지하면서 존중하고 대우한다는 느낌을 주지만, 그 느낌이 아직은 일반적이지 않으므로 신중하게 접근해야 한다. 나이 많은 사람이 동성의 나이 어린 이에게 '씨' 대신 '님'을 자연스레 붙일 수 있을지도 실험 대상이다.

셋째, 모임에서 서로 합의하여 사람 부르는 방법을 통일할 수도 있다. 직함을 없애고 '님'만 붙이는 기업들과 온라인 공간에서처럼 이름에 '님'만 붙일지, 서로 별명으로 부르되 모두가 '님'을 붙일지 말지, 나이와 관계없이 모두가 같은 호칭(예를 들어, 형, 언니, 형제, 자매, 화랑…)으로 부를지 정하는 것이다.

물론, 이런 해법이 완벽한 정답이라고 할 수는 없다. 모인 사람들이 자연스레 부르던 호칭에서 아무런 불편함을 느끼지 않고 그 호칭 때문에 특별히 억압적인 서열이 생기지 않는다면 굳이 호칭을 바꿀 필요가 없을 수도 있다. 하지만 그런 편안함이 단지 잘 나서는 몇몇 사람만의 특권일지도 모르므로, 우리는 호칭의 사회학을 공개적으로 논의하는 게 좋다. 서로 의견이 다르다면 가장 불편함이 덜한 호칭을 선택하는 하향 평준화가 그 모임의 건강한 소통에 좋을 것이다. 우리는 시간과 대화의 힘을 믿어야 한다. 새 신을 처음 신었을 때는 발이 편할 수 없지만 신다 보면 언제 그랬냐는 듯이 편해지는 것처럼 새 말과 새로운 호칭도 그렇다.

여기서 한 가지 더 소개할 만한 지혜가 있다. 앞서 '나이가 깡패'라는 한국 사회의 특징을 설명했는데, 누군가를 처음 만났을 때 나이에 관심을 두지 말고 서로 나이를 묻지 않는 처세를 몸에 익히는 것이다. 비교적 남자들이 더 심한 편인데, 우리 사회에서는 누구를 처음 알게 되면 어떤 방법으로든 그 사람의 나이를 알고자 애쓴다. 대놓고 몇 살이냐고 묻기에는 너무 나이 서열에 찌든 사람으로 비칠까 봐 언제 학교를 다녔는지, 자기가 알고 있는 유행가나 인상 깊게 봤던 영화, 인기를 얻었던 과자나 신발 따위 생활용품을 아는지 물어가며 그 사람의 나이를 추리한다. 그리고 점점 더 수사 범위를 좁혀서 그 사람과 어떤 형태로든 연관이 있을 법하면서 자기가 아는 '참고인'을 언급하여 삼각함수로 답을 찾아낸다. 이런 집요함은 나이가 서열의 중요한 기준이라는 통념 때문에 몸에 배어 있다. 이런 통념에서 벗어나 평등하고 서로 존중하는 관계를 맺고자 한국여성민우회에서는 회원 모임에서 '나이 묻지 않기 운동'을 펼친다고 한다. '인간적이다, 끈끈하다'라는 표현을 아주 좋아하는 사람에게 이런 분위기가 어떻게 다가갈지는 모르겠지만, 이 또한 모인 사람들의 공감 위에서는 찬란히 빛날 수 있는 지혜이리라.

사랑이
앞서야 할
가족 호칭

이제 마지막으로 1영역의 호칭 기상도를 살펴보자. 나이 든 세대는 좀 다르겠지만, 젊은 세대에서는 부부-자녀인 1촌, 형제자매인 2촌 사이에 부르는 호칭을 호칭 민주화라는 잣대로 깊이 들여다볼 필요는 없을 것 같다. 친구처럼 서로 반말을 쓰는 관계에서도 호칭은 전혀 문제될 일이 없다. 이름이나 "야!"로 부르면 그만이다. 문제는 부부를 둘러싼 가족관계에서 남자의 가족 위주로 서열이 매겨지는 강고한 전통이 호칭에서도 여자인 부인과 그 가족에게 불편함과 차별을 강요한다는 점이다.

결혼이야 자신의 선택이지만, 다른 한편으로 결혼은 자신의 선택과 무관한 새로운 가족, 즉 배우자의 가족과 자동으로 관계를 맺어준다. 그리고 먼 친척이 아니라 아주 가까운 일가 친족들, 사돈관계에서 부르는 전통적인 호칭과 높임법이 결혼한 여성들을 일방적으로 괴롭힌다. 이에 관해서는 한국여성민우회가 '여성이 여성에게 쓰는 호칭 바꾸기'를 목표로 2007년에 벌인 '호락호락 캠페인' 게시판에 올라온 사연들에서 사태의 진면목을 볼 수 있다.

당시 한국여성민우회에서는 친족 안에서 부르는 여성 호칭의 어원을 모아 소개했다. 예를 들면, '며느리'는 '며늘/미늘/마늘+아이'의 구조로서 그 기원이 되는 '며늘'이란 말은 덧붙어 기생한다는 뜻으로 내 아들에 딸려 더부살이로 기생하는 존재(천소영, 《우리말의 속살》)이고, '올케'는 '오라비의 겨집(계집의 옛말)'이 줄어든 말로 그 집에 시집와서 시집살이를 하고 시중을 들며 살아야 하는 사람(최창렬, 《우리말 어원사전》)이란다. 모두 철저하게 남존여비, 여필종부의 문화가 담긴 말이라는 것이다. 어원의 사실 여부를 떠나 이런 호칭 풀이가 여성들의 처지를 잘 드러내주었기에 반응은 상당히 뜨거웠다. 전형적인 몇 가지 사례를 추려 소개하면 다음과 같다.*

─────────

* 한국여성민우회 누리집(http://hoho.womenlink.or.kr) 호락호락樂 수다방의 호호사례 게시판과 호호토론게시판의 글들을 간추렸다. 주로 2006년 12월부터 2007년 2월까지 올라온 내용이다.

인정의 출발점, 서열의 계급장: 한국 사회 호칭 기상도

"삼형제 차남인 동갑과 결혼했다. 신랑 형이 한 살 많은데 여덟 살 어린 사람과 결혼하여 나보다 일곱 살 어린 사람이 '형님'이 되었다. 나 대학 다닐 때 초등학생. 신랑 좋아서 결혼한 죄밖에 없는데 처음 보는 한참 어린 사람에게 '형님'이라 불러야 한다는 거 너무 야만적이다. 반면 언니는 내 신랑보다 한참이나 나이가 많은데도 신랑은 내 언니한테 '처형'이라고만 부른다. 남자 형제 들 한 살 많아도 형이요, 쌍둥이 1분 먼저 나와도 형이라고 나이 로 엄격하게 순서를 나누는데, 시집가면 여자 나이는 완전히 무 시된다. 서로 '동서'라고 부르면서 존대하고 남에게 소개할 때는 '윗동서, 아랫동서'라 이르면 되지 않는가."

"시댁의 '형님'은 두 살 어린 대학교 같은 과 후배. 그리 친하지 도 않았던 후배를 형님이라 부르는 것도 어색했는데, 어느 순간 부터 형님이 말을 놓더라. 시어머니가 그렇게 하라고 시키셨다 지만, 은연중에 깍듯이 윗사람 대접을 받으려 한다. 차라리 서로 모르는 사람이었으면 이렇게까지 힘들지는 않았을 텐데. 시댁 모임 있을 때마다 형님과는 마주치거나 말 섞기 싫어서 피한다. 단지 여자라서 모든 걸 참고 견뎌야 한다니 너무 억울하다."

"가족 내의 몇몇 호칭이 불합리하다고 여겨 친정에서는 올케들이 결혼 전에 시누이인 내게 '언니'라고 부르던 호칭 그대로 쓰게 했고, 올케들 이름을 불러주다가 나이 들면서는 어쩔 수 없이 아이 이름 뒤에 '엄마'를 붙여 불렀다. 친정에서는 칼자루를 쥐었으니 바꿀 수 있었지만, 시댁에서는 불가능했다. 시모께서 신랑의 동생들에게 당연히 '서방님'이라고 불러야 한다고 하시는데, 참 찝찝했다. 그 뒤론 시집 쪽 호칭을 대부분 생략하고, 어쩔 수 없이 불러야 할 때는 아이 이름을 앞세워 '○○ 아빠, ○○ 엄마'라 부른다. 무슨 방법이 없을까?"

"나이가 어리든 많든, 친하든 아니든 시동생에게 '도련님'이라는 극존칭을 써야 한다. 이 말은 사극의 종년이 쓰던 말로, 시댁 식구가 모두 상전이라는 뜻이다. 일방적으로 이런 호칭을 쓰게 하면 자연스레 존댓말도 하게 된다. 약간 거리를 두고 존중해준다는 의미에서 존댓말을 할 수도 있겠으나, '도련님'이라는 호칭이 시동생에게 존대를 강요하는 한, 존대도 하기 싫어질 것 같다. 무조건 며느리가 가장 아래가 되는 대한민국 호칭체계에 대해서는 어떻게 생각하시는지? 존중이란 같은 출발점에서 서로를 존중할 때 나오는 거지, 어느 한쪽에 무조건적으로 낮은 지위와 극존칭 호칭을 강요하여 나오는 것은 아니라고 본다."

배우자의
나이가 깡패?

여성들의 하소연을 보면 '나이가 깡패'라는 우리 사회의 강력한 서열 잣대조차 당사자의 나이가 아니라 배우자의 나이에 따라 한 번 더 비틀어져 적용되는 불합리한 구조, 시댁 식구와 친정 식구 사이의 기울어진 호칭 및 높임법 문화가 잘 드러난다. 호호토론게시판에 올라온 사연에 뜨겁게 공감하는 어떤 분은 한국어로 된 모든 호칭에 모멸감을 느낀다며, 여성들을 차별하지 않는 영어로만 대화하면 좋겠다고까지 말한다. 하지만 댓글 가운데에는 남성들의 비아냥이 적지 않았다. 한 언론 기사가 이런 반감 섞인 반응을 요약하여 소개했다.

- 며느리와 올케의 어원을 그렇게 해석한 근거가 무엇인가? 근거도 확실치 않은 내용을 가지고 시끄럽게 주장하는 여성단체가 참 한심스럽다.
- 계집이라는 말은 원래 여성비하 용어가 아니다. 현대의 인식으로 소

중한 우리말을 왜곡하고 비하하는 의도가 의심스럽다.

- 방법은 한 가지다. 한글을 폐지하고, 국어를 영어로 바꾸면 모든 게 해결된다. 잘한다, 한국여성민우회!
- 시아버지든 시어머니든 ○○ 씨라고 모두를 이름으로 부르면 되겠군. 그게 소원이라는 말 아닌가? 서로 이름 부르고 반말 하면 평등해질 수 있겠네.*

이런 반감이 가득함에도 언어의 민주화에서 시작할 수 있는 현실의 민주화에 이 운동의 의의가 있음을 설파한 임지현 교수의 글 또한 많은 이의 관심을 끌었다. 그는 말이 현실을 바꿀 수 있다고 이야기한다.

"21세기 인문학의 새로운 패러다임에 따르면, 말은 현실을 반영하는 것이 아니라 현실을 만들어낸다. 현실이 말의 체계를 통해 파악되는 한, 말은 우리의 생각을 지배할 뿐 아니라 현실을 만들어나가는 체계이자 구조다. 말이 말로 그치지 않는 것이다.

---

* 강지용, 〈'며느리'가 여성비하라고? 억지주장이다〉, 『도깨비뉴스』, 2007년 1월 4일

언어생활의 민주화가 정치적 민주화 못지않게 중요한 것도 현실을 만드는 말의 힘 때문이다. 남녀평등을 위한 법적, 제도적 장치를 마련하는 것 못지않게 성차별주의로 가득 찬 일상 언어의 민주화가 중요한 것이다.

어원에 대한 기원주의적 집착과 과민반응에도 불구하고, 최근 여성민우회가 벌이고 있는 '호락호락' 가족 호칭 바꾸기 캠페인의 문제의식은 그래서 소중하다. 기원을 떠나서, '오라비의 계집'을 뜻하는 올케라는 호칭은 사실상 아가씨니 도련님과 같은 시집 식구들에 대한 호칭과는 비교가 된다.

정교한 존대어법과 위계질서의 기호로 가득 찬 한국어체계에서 민주적인 대안적 호칭을 찾아내는 것은 참으로 어려운 일이다. 민우회의 '호락호락' 캠페인 사이트에 올라온 쌍말과 욕으로 점철된 댓글들을 보면, 개헌이나 정치적 민주화는 차라리 쉽다는 생각도 든다.

민주화 이후의 민주주의를 향한 길은 어렵고도 멀다."*

---

* 임지현, 〈언어의 민주화를 생각할 때〉, 『조선일보』, 2007년 1월 11일

민주주의는
가정에서부터

언어의 민주화, 특히 호칭의 민주화가 우리 생활의 억압적인 차별 구조를 바꾸고 민주화를 이끌 수 있다는 이 통찰은 가족 안의 여성 호칭뿐만 아니라 사회 전반의 호칭 문제에도 그대로 적용할 수 있으리라. 물론, 가족 안에서 호칭을 바꾸는 일은 어떤 거대한 명분 이전에 우리 삶의 바탕을 다지는 문제이기도 하다. '익명' 님이 '호칭 개선 운동이 필요한 이유'라는 제목으로 올린 다음 댓글은 가족 안의 호칭을 바꾸어야 한다는 문제의식의 인간적, 도덕적 의의를 아주 감동적으로 풀어낸다.

"가족 안에서의 호칭을 굳이 문제 삼는 것은 '가족'이기 때문입니다. 권위나 서열보다는 사랑이 우선하는 가족이기 때문입니다. 다른 것도 아닌, 가족 안에서의 호칭 때문에 아픔이 있다면, 서로에게 다가가지 못한다면, 서로에게 뒤끝이 있다면, 우리는 가족이기 힘들기 때문입니다. 그래서 이 운동이 필요합니다. 분노하시는 여러분, 너무 욕하는 데 연연하지 마시고… 긍정적으로 생각해주세요."

인정의 출발점, 서열의 계급장: 한국 사회 호칭 기상도 친족 안에서 남성을 부르던 '재종, 당숙' 따위 호칭은 대가족의 해체, 마을공동체의 해체로 거의 사라지는 판이다. 사촌을 넘어가는 친족은 몇 년에 한 번 겨우 볼까 말까 한 생활 풍습 때문에 전통 호칭을 부를 일이 거의 없고, 호칭을 기억하기도 어렵다. 대개 갈등은 가까운 친족의 호칭을 둘러싸고 일어난다. 남성의 가계도 서열에 따라 여성을 부르는 호칭과 높임법을 종속적으로 규정한 이 전통은 여성을 차별하고 힘들게 한다. 그리고 가족 안의 여성 호칭이 불합리한 서열과 굴종을 강요하는 한, 가족은 사랑의 공동체 구실을 할 수 없다.

그러나 우리는 두 가지 사정 때문에 당장 시원한 답을 내기 어렵다. 하나는 이런 호칭들이 너무나도 길고 긴 전통의 힘으로 강요된다는 점이고, 다른 하나는 가족 사이의 만남이 뜸하여 호칭을 개선할 공감대를 만들기 어렵다는 점이다. 자주 보지 않으면 마음도 멀어진다. 그래서 어쩌면 가족 안의 호칭이야말로 우리 사회의 호칭 문제에서 가장 늦게 풀릴 영역인지도 모른다. 그렇더라도 가능한 방안을 상상하면 다음과 같다.

먼저, 가족 안에서 여성끼리 부르는 호칭부터 불편하지 않게 바꾸는 것이다. 며느리 사이에서는 남편의 가계 서열에 종속되지 않고 서로 동등하게 '동서'로 부른다든지, 아니면 당사자의 나이에 따라 '형님(언니), 아우님'으로 부르는 방법을 생각할 수 있겠다. 이 방법은 여성 형제의 남편들 사이에서도 통용되는 편이니 그다지 저항이 없을 것 같다. 높임법은 모두 공평하게 높이든지 아니면 서로 받아들일 수 있는 높임법을 합의하여 정리하면 될 일이다.

다음으로, '동서'를 빼고, 결혼한 여성이 남편의 형제자매와 그 배우자를 부르는 호칭, 남성이 부인의 형제자매와 그 배우자를 부르는 호칭 사이의 차별을 없애는 것이다. 여기서 새 말을 만들어 퍼뜨리기란 쉽지 않아 보인다. 앞서도 밝혔듯이, 호칭의 전통이 길고 사람들의 만남이 잦지 않기 때문이다. 여성 처지에서 남편의 형제에게 붙이는 '서방님, 도련님' 같은 호칭은 오해의 소지가 많고 거북하니 없애는 편이 낫겠다. 남편의 남자 형제 가운데 결혼한 이, 그리고 여자 형제의 배우자는 모두 같은 호칭을 사용하는 방안이 어떻겠는가? 예를 들어, 모두 '아주버님'으로 부르고, 지칭으로는 '삼촌, 고모부' 따위 자녀를 매개로 한 촌수 지칭을 사용할 수 있겠다. 이와 비슷하게 남자는 부인의 남자 형제들을 '처남'보다는 당사자 나이에 따라 '형님, 아우님'으로 부르고 그 부인들은 '처남댁'보다는 '아주머님'으로 부르는 게 어떨까 한다. 배우자의 결혼하지 않은 형제자매와는 친형제자매처럼 호칭을 가다듬는 게 좋겠고, '형수, 제수, 형부, 제부'와 같은 호칭에는 모두 공평하게 '님'을 붙이는 것도 좋은 방법이겠다.

그럼에도 가족 분위기, 친밀감의 정도에 따라 부르는 말을 어떻게 할지는 쌍방의 판단과 선택에 맡길 수밖에 없다. 물론 주변의 눈길, 특히 어른들의 눈길 때문에 쌍방에게만 맡기는 일도 쉽지는 않을 것이다. 이 영역에서 호칭을 개선하는 데에 필요한 공론장이 너무 좁거나 거의 없기 때문에 더욱 어려움이 많다. 그래도 요즘은 '장인, 장모'를 '아버님, 어머님'으로 부르는 사위가 늘고 있는데, 우리는 이런 변화에서 좀 더 희망을 엿보아야 할 것 같다.

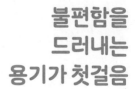

불편함을
드러내는
용기가 첫걸음

호칭 민주화는 불편함을 드러내 서로 인식하는 데에서 출발한다. 기존의 호칭이 우리에게 너무나 자연스러운 질서로 받아들여졌더라도 누구나 조금씩은 불편함을 느꼈을 것이다. 용감하게 표현하지 못했을 뿐이다. 불편한 사람들이 먼저 말을 꺼내야 하고, 일종의 특권 아닌 특권을 무의식적으로 누리던 사람들 가운데 깨달은 자들이 이 주제를 회피하지 말아야 한다.

우리는 공적 성격이 강한 공간 가운데 직장처럼 친분이 두터운 곳과 공공시설처럼 친분이 거의 없는 곳에서 모두 호칭 혁명이 일어나는 광경을 함께 살펴보았다. 온라인 모임에서는 별칭에 '님'을 붙여 부르는 게 일반적이고, 오프라인에서는 이름에 '님'을 붙이거나 '님'을 떼고 별칭으로 부르는 호칭 혁명이 일어나고 있다. 우리는 이런 상상을 해볼 수도 있다. 어쩌면 직함을 떼어내고 이름에 '님'만 붙이는 경향, 그냥 이름만 부르지는 못하더라도 현대판 '호'에 해당하는 별칭으로 부르는 새로운 움직임은 곧 우리들 이름 뒤에 붙는 '님'마저 떼어내고 이름만 불러도 문제없는 시대로 가는 징검다리 아닐까? 평창 겨울올림픽 컬링 경기로 유명해진 호칭 '영미~'처럼 말이다.

대한민국의 호칭 기상도. 전국에 미세먼지 농도는 '나쁨' 수준이지만 직장과 공공시설 등의 공적 영역에서는 '님'을 실은 동남풍이 불어와 미세먼지가 걷히고 있다. 사적 영역 가운데 특히나 사교 모임처럼 친분이 성근 지역에서는 서쪽에서 불어온 황사에 미세먼지까지 겹쳐 10미터 앞도 잘 보이지 않는다. 사랑으로 끌어안아야 할 가족 안에서는 산봉우리 사이에 골바람이 그치지 않아 느닷없는 기온 변화와 소나기가 잦다. 동남풍 '님' 바람이 얼마나 빠르고 강하게 서쪽의 사적 영역으로 부느냐에 따라 사교 모임과 가족 안의 날씨가 달라질 것이다.

'영미~'처럼 이름만 부르는 문화가 우리에게도 올지, 그리고 그것이 좋을지 우리는 아직 알지 못한다. 하지만 그런 날이 올 수도 있다. 답이 무엇이든 우리는 호칭의 안개를 헤쳐나가야 한다. 거기에 필요한 힘은 사태를 드러내놓고 토론하는 용기이리라. 시간은 우리 편이다.

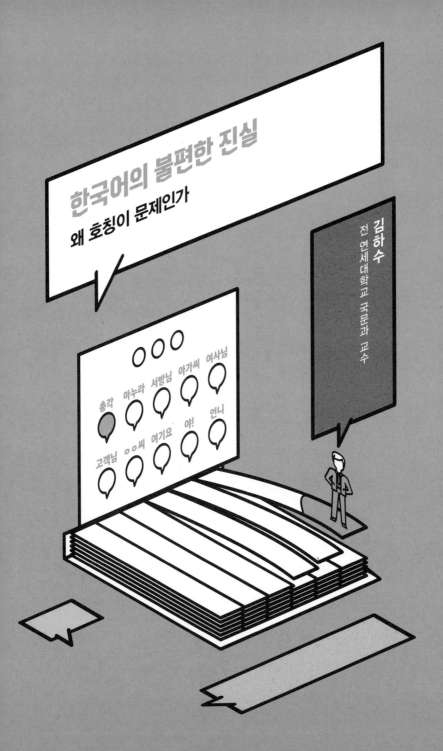

한국인들에게 한국어라고 하는 것은 여러 가지 복잡한 감성적 반응을 일으킨다. 보통은 애틋함, 한없이 아껴주어야 할 대상, 안타까움과 애착 등으로 잘 표현된다. 외국에 나가 살고 있는 사람들에게는 향수와 추억을 불러일으키는 수단이 되기도 한다. 그러나 냉정하게 마음을 가다듬고 진지하게 질문을 던져보자. "한국어는 과연 우리에게 '유익한 언어'인가?" 달리 본다면 "우리는 우리의 언어 덕분에 충분히 편의와 이익을 보고 있는가?"라는 물음이다.

　한 걸음 더 나아간 질문을 또 던져보자. 우리가 한국어를 사용하여 사회적 욕구와 목적을 성취해나가는 데 아무런 불편함은 없는가? 이 물음에는 적잖은 어려움을 털어놓을 사람들이 있을 것이다. 손윗사람한테 주도적으로 말하기가 조심스럽다는 등, 여자로서 적극적인 의사표현에 좀 망설이게 되는 경우가 있다는 등, 지위고하를 불문하고 냉정하고 비판적인 토론을 적극적으로 하기에도 좀 힘들다는 등 하는 고충 사항이 나올 것이다. 이런 문제가 혹시 언어 탓이 아니라 자신의 신념과 자신감의 모자람 때문이라 해도 바로 이 부분이 우리 현대 한국어가 묵은 시대를 극복하고 정치사회적으로 더 나은 이상과 욕망을 누리도록 보완되어야 할 부분일 것이다. 우리의 나이나 직위, 그리고 성별 등이 자유로운 언어활동에 일정한 장애가 되고 있다면, 바꾸어 말해서 어휘와 의미 범주, 언어 사용법 등에 우리의 자유로운 의사표시를 방해하는 요소가 있다면 극복 대상으로 삼아야 하지 않겠는가.

한국어는 지나간 100여 년 동안 전근대 언어에서 현대 사회의 언어로 급격하게 변신을 해왔다. 그러면서 표준어와 맞춤법처럼 언어의 규범에 해당하는 사항들은—아직 많은 문제가 남아 있다고는 하지만—상당 부분 정리가 된 상태다. 몇 걸음 더 깊숙이 들어간다면 남과 북의 언어적 차이를 하루속히 극복하도록 하는 것도 오랫동안 미루어왔던 숙원이라고 할 수 있다. 그것만이 아니다. 예를 들어 지나치게 생경하거나 난삽한 어휘를 편안한 대중적인 낱말로 개선해주는 일 등도 다른 것 못지않게 중요하다고 할 수 있다.

그러나 더 앞으로 나아가 우리 사회의 구조적이고도 내재적인 문제를 해결해주는 언어 혁신 과제가 있다. 우리가 무심히 지나쳐왔던 문제. 그러면서 요즘 와서야 조금씩 깨달아가는 미완의 숙제, 바로 '호칭' 문제다.

가볍게 생각하면 호칭은 누가 누구를 어떻게 부르느냐 하는 개인들의 문제에 지나지 않는다. 학자나 국가 혹은 언론이 끼어들 문제가 아닐 수 있다. 이것을 공론화하려면 호칭 문제가 얼마나 '사회적 과제'인가 하는 것을 설명해내야 한다. 그리고 각자 개인적으로 노력해서는 풀기 어려운 혹은 아주 불가능한 문제일 수 있음도 설명해내야 한다.

상황과 맥락에
의존하다

언어와 문화의 관계를 다루는 연구자들에게 널리 알려진 개념이 고맥락 언어와 저맥락 언어의 구분이다. 저맥락 언어는 그 자체의 언어적 의미에 충실하게 기대어 소통을 하는 언어 수

단을 가리키고, 고맥락 언어는 언어적 의미 전달보다는 주어진 상황과 맥락에 많이 의존하며 의사소통하는 언어를 가리킨다. 아주 쉽게 통속적으로 말한다면 고맥락 언어는 이것저것 눈치를 많이 봐야 하는 언어이고, 저맥락 언어는 어휘와 문법에만 충실하면 되는 언어라고 할 수 있다. 일반적으로 한국어, 중국어, 일본어 등을 고맥락 언어로 꼽고 영어나 서유럽 계통의 언어들을 저맥락 언어로 다루고 있다.

동아시아의 언어를 이렇게 하나의 범주에 넣고 서유럽 언어와 대립시키는 방식은 그리 정교한 방법도 아니고 그리 이론적인 적절성을 갖고 있는 것도 아니다. 하나의 언어 안에서도 얼마든지 고맥락적인 부분과 저맥락적인 부분이 있을 수 있기 때문이다. 예를 들어 도시의 언어는 비교적 저맥락 언어로, 농촌의 언어는 비교적 맥락 의존적인 고맥락 언어로 받아들인다. 또 일상적인 통속어는 고맥락 언어로, 공용어는 저맥락 언어로 분류할 수 있는 것이 보통이다. 그렇기에 한 언어 전체를 통째로 딱지를 붙여 범주화하는 것은 전혀 섬세하지도 못하고 실용적이지도 않다. 오히려 그들이 동아시아 혹은 비서유럽을 얼마나 단단한 '고정관념'의 틀에 가두어놓았는지를 보여주는 전형적인 증거일 수도 있다.

어떻든 저맥락 언어는 언어를 명료하게 사용함으로써 행간의 의미를 궁금해하거나 맥락에 감추어진 저의에 신경을 쓸 필요가 없는 언어들을 가리키며, 고맥락 언어는 반대로 말의 흐름과 맥락에 숨은 갖가지 복잡한 정보를 이해해야 하는 언어를 가리킨다. 그래서 저맥락 언어(서유럽계 언어들)는 단어의 객관적인 뜻과 잘 구조화된 문법체계만으로 충분히 의미를 전달하는 언어로 분류된다. 반면에 아시아 언어들, 동유럽계나 남유럽계의 언어들은 서유럽계에 비해서 어느 정도 '모호'하거나 '불투명'해서 그 숨겨진 맥락을 이해하는 데에 어려움이 많다는 것이다. 자신들의 서유럽 언어는 '객관적'이고 '논리적'인 반면 다른 언어는 무언가 결격 사유가 있다는 말의 또 다른 표현일 뿐이다. 전형적인 서유럽중심주의이자 배타적인 비교 문화 이해라고 할 수 있다.

이러한 문제를 올바르게 이해하기 위해서는 겉으로 드러난 '현상'을 보고 그 심층에 깃들어 있는 구조를 제대로 해석해냄으로써 이 이분법적 분석 방식을 통찰해볼 필요가 있다. 서구 사회와 비서구 사회, 도시 지역과 농촌 지역처럼 짝이 지어지는 대립항을 보면 이 두 종류의 항목을 결정하는 중요한 사회적·역사적 변수가 무엇인지 어느 정도 드러난다. 바로 '시민

사회'의 문제다. 시민사회가 무르익은 곳에서는 비교적 저맥락 언어를 사용하게 되고 시민사회가 설익은 경우에는 고맥락 언어가 사용될 가능성이 높다. 비록 문화비교론적인 조사를 건너뛴 논의여서 조심스럽기는 하지만 사실 한국어와 일본어 사이에도 맥락 의존성이 시민사회의 위상을 매개로 일정한 편차가 있을 것이다.

또 달리 본다면 우리 언어에 깃들어 있는 적잖은 언어적 문제점의 뿌리는 아직 시민사회가 충분히 무르익지 못한 데에서 비롯한 것이 아닌가 하는 문제 제기를 해볼 수도 있을 것이다. 앞에서 말한 우리의 '호칭' 문제 역시 바로 이 지점에서부터 실마리를 풀어야 하지 않을까 한다.

대화 규칙 제1항: 상대방을 호출하다

우리가 대화를 떠나서 삶을 영위한다는 것은 상상하기 어렵다. 우리는 필요한 것을 '말'로 요구하거나 얻어내거나 빌리거나 한다. 또 우리에게 필요한 모든 것들한테 이름을 붙여놓고 수시로 가리켜 부를 수 있게 해놓았다. 더 나아가 타인들을 내 앞에 불러들일 수 있는 '호칭'이란 것도 가지고 있다. 우리는 이 호칭을 가짐으로써 우리가 원하는 사람에게 다가가서 나하고 이야기 좀 하자고 요구할 수 있는 강력한 '언어적 능력(권력)'을 지니게 되었다. 물론 그 요구를 받아들일지의 여부는 상대방의 권력과 더 큰 관계가 있다.

호칭은 모든 대화의 첫 번째 관문을 여는 열쇠다. 우리는 어느 누군가와 마주 보고 말을 주고받기 시작하면서 '언어를 사용'하게 된다. 그러지 않고 혼자 중얼거리거나 글을 읽거나 인터넷을 이용하거나 하는 것들은 언어의 부차적인 혹은 이차적인 쓰임새들이다. 기본적으로, 또 원론적으로 언어는 서로 마주 보며 사용하면서 의사소통을 할 수 있도록 만들어졌다.

그러나 대화는 아무렇게나 시작되고 끝나는 것이 아니다. 지켜야 할 규칙이 있고, 예의가 있으며, 공동체의 인습이 있다. 다시 말해서 말하는 사람이 임의로 무언가를 말하는 것 같지만 그 구조 속에서 타당하게 인정되는 언어 사용법을 중심으로 대화가 전개된다는 것이다. 이것이 대화의 규칙이다.

대화를 시작하려면 상대방을 호출해야 한다. 이것이 대화 규칙 제1항이다. 우리가 전화를 거는 것과 마찬가지다. 호출할 때는 몇 가지 어휘를 사용하게 되는데 우리가 '호칭'이라고 부르는 어휘가 이에 속한다. 호칭을 사용하지 않는 호출도 가능하다. 그냥 '어이!'라고 한다든지 손을 흔든다든지 또는 '잘 지냈냐'는 인사말이 호출 기능을 대신하기도 한다. 이런 호출 절차는 외교관의 신임장 제정 같은 거창한 행사를 통할 수도 있고 일상적 대화에서처럼 아주 간략히 스치면서 지나갈 수도 있지만 어쨌든 거의 '필수적으로' 거치게 된다.

대개의 호칭은 특정한 사용역을 가지고 있다. 예를 들어 '집사님' 같은 호칭은 교회에서, '장군' 같은 호칭은 군대에서, '박사' 같은 호칭은 대학이나 연구소에서 사용한다. 또 '아버지'나 '어머니' 같은 호칭은 한 가족의 구성원이라는 징표로 이해된다. 이렇게 대개의 사회제도나 기구 내에서는 자체의 특수한 호칭을 가지고 있는 경우가 많다. 우리 한국어는 각 영역마다, 분야마다 지나치리만큼 풍부한 호칭을 가지고 있다. 그리고 그 호칭마다 미세하고 예민한 '높낮이' 및 '친소관계'의 차이를 보여준다. 그래서 사람들은 남들이 자신에게 어떤 호칭을 사용하는지, 또 자신이 남에게 어떤 호칭을 사용해야 하는지 몹시 예민해진 상태를 유지해야 원만한 사회생활이 가능하다.

속 편하게 가장 선호하는 방식은 '직위'의 명칭을 호칭으로 대용하는 것이다. 그러나 그것도 어느 정도 인정받는 직위여야 우대 효과가 나타나지 아래 직위는 호칭에 사용하기가 오히려 거북하다. 또 퇴직 후에도 불가피하게 옛 직위를 호칭으로 사용하게 되니 호칭으로서의 직위는 현실과 괴리된 상태를 피할 수 없다.

참 아쉬운 것은 모든 영역과 분야에서 누구에게나 편하게 쓸 수 있는 '보편적 호칭'이 없다는 것이다. 이 보편적 호칭이야말로 모든 사람들을 평등하게 불러내는 시민사회의 유용한 도구인데 우리 사회는 바로 이것이 빠진 사회인 것이다.

호칭
결핍증

한국어의 호칭은 매우 복잡하고 다양하며, 전통적인 것과 혁신적인 것, 고유한 것과 외래적인 것, 과장된 것, 비유적인 것 등이 섞여서 이루 말할 수 없는 번다함을 품고 있다. 한국 학생과 일본 학생의 대화를 분석한 연구에서 흥미로운 특징이 발견되었다. 한국 학생들은 대화가 시작되고 5분 안팎이면 거침

없이 사적 정보를 캐물으면서 상대방의 신상을 거의 다 파악한다는 것이다. 일본 학생들은 같은 시간에 상대의 이름이나 알아내는 정도였다. 왜 이럴까? 왜 우리는 상대방의 사적 정보에 목말라할까?

아마도 분명히 호칭 때문일 것이다. 한국인들은 이러한 과정을 거치지 않으면 친근한 호칭을 사용하기 어렵다. 형(또는 오빠, 누나, 언니)인지 알아야 하고, 학번이 어떻게 되는지, 혹시 동문은 아닌지, 더 나아가 고향이 같거나 이웃 고을은 아니었는지를 잘 알아야 더욱 화끈하게 친해질 명분을 손에 쥐게 되고 더욱더 감칠맛 나는 호칭을 쓸 수 있기 때문이다. 공적인 호칭보다 사적인 호칭이 매우 유용하다는 것을 우리는 아주 잘 알고 있다.

따라서 한국어 사용자들은 서로의 어떤 관계를 기초로 딴 사람을 부를지 고심하게 된다. 자주 보는 사이라면 이미 길들여진 호칭이 있겠지만 그렇지 않은 경우 생면부지의 동생을 만날 수도 있고, 조카도 아니면서 아저씨라 부르는 사람을 마주칠 수도 있다.

반면에 우리의 사회구조는 날로 새로운 모습을 띠어가고 있으며, 그에 따라 늘 새로운 인간관계가 형성되어간다. 그러한 모든 관계에 우리는 늘 '호칭'이 필요하게 되고, 일종의 '호칭 결핍증'을 느끼게 되지 않을 수 없다. 날마다 만나는 '이웃이나 동료'들, 날마다 만나지는 않지만 늘 서로의 관계를 염두에 두어야 하는 '일가친척들', 안면은 없지만 당연하다는 듯이 일정한 공식 직함을 호칭으로 사용하게 하는 '공직자'들, 안면도 없고 무슨 일을 하는지도 모르지만 그럼에도 친절하게 대해야 하는 '고객'들, 스쳐가는 듯 또는 옆에 머무르는 듯 은근히 신경 쓰이게 하는 사회적 관계망의 '얼굴 모르는 사람'들, 철없던 시절부터 알고 지내는 '허물없는 친구'들, 이 모든 사람들한테 우리는 형형색색의 호칭을 사용하며 그들과 자신의 관계를 늘 '규정'한다.

고맥락의 한국어 사용자는 이렇게 다양한 호칭을 사용하면서도 늘 호칭에 대한 부담감을 느낀다. 좀 더 나은 호칭을 사용해야 하는 것은 아닐까? 내가 사용하는 호칭에 대해 서운해하지는 않을까? 하는 등의 걱정이 대화 도중에나 만남이 지나간 이후에도 종종 찜찜하게 마음에 남는다. 그런 점에서 한국어는 힘든 언어, 부담스러운 언어, 피곤한 언어임에 틀림없다.

더 나아가 한국 사회는 더욱더 '평등한 사회'를 지향하면서도 언어적으로는 끊임없이 '차별화', '차등화'에 초점이 맞추어져 있다는 것을 큰 문제로 꼽지 않을 수 없다. 사회의 지향점과 언어 사용의 실태 사이에 서로 모순이 생기는 것이다. 말로는 4차산업혁명이라는 거창한 목표를 내세우면서도 사실 사회구조를 유지시켜나가는 접착제로서의 언어는 아직도 1차산업혁명 이전의 사회를 모델로 삼고 있는 셈이다.

언어 교통로의 신호등

문법적 범주로서의 호칭은 그리 복잡한 문제를 가지고 있지 않다. 감탄사나 대명사 혹은 고유명사라는 범주에 속해 있는 단어들에 지나지 않는다. 그럼에도 문장구조나 문법체계, 어떠한 의미상징보다 사람들의 사회생활에서 가장 잘 쓰이고 영향이 크며 부담스럽고 (특히 고맥락 언어에서는) 실수하기도 쉬운 것이 호칭이다.

호칭의 사회적 의미를 살펴본다면 첫째로 사회의 '언어 교통로'에 있는 신호등이나 횡단보도의 기능을 한다. 서로 오가는 언어교환체제의 매듭들을 연결하는 기능을 하는 것이다.

신호등이나 횡단보도 없이는 도시의 광대한 교통망이 아무짝에도 쓸모없듯이 호칭이 없거나 그 기능에 문제가 생기면 서로 말을 걸기가 쉽지 않다.

호칭의 또 다른 의미를 살펴보면 사회의 구조와 층위를 보여주는 '조감도'라고도 할 수 있을 것 같다. 대화 중에 누가 누구에게 호칭에 곁들여 '존칭'을 사용하는지, 반면에 또 다른 누가 '존칭'을 빼고 말하는지를 보며 그 사회의 층층계구조를 파악하게 된다. 또한 호칭은 그 틀 안에서 자신이 처한 위치를 인식하는 통로가 되기도 한다.

더 나아가 호칭의 사용 현상을 보면 해당 사회가 지향하는 가치척도와 관심사도 파악할 수 있다. 예를 들어 한국 사회에서는 '가족이나 친척'과 관계된 호칭이 무척 광범위하게 사용된다. 마치 온 사회가 혈연구조로 숨이 막힐 정도로 꽉 짜여 있는 인상을 주기도 한다. 어떤 점에서 본다면 아직 우리는 서로 어떠한 혈연관계에 비유될 만한 관계에 있는지가 매우 중요한 관심사일 수도 있다. 낯선 성인들을 '아저씨나 아주머니'로, 낯선 노인들을 '할아버지나 할머니'로, 서비스업 종사자들을 '이모나 언니' 혹은 '삼촌'으로, 남편을 '오빠'로 부르면서 날이 갈수록 복잡해지는 사회구조에 전통적인 혈연망의 용어를 그대로 적용하고 있다.

이러한 혈연사회의 호칭에 종종 산업사회의 용어가 끼어들기도 한다. 혈연사회의 호칭 자원 자체가 그리 풍족한 것이 아니기 때문이다. 그래서 사장이 아니건만 종종 '사장님'이라는 호칭을, 공직자나 그 부인이 아니건만 '여사님'이라는 호칭을 자주 들을 수 있다. 또 교직에 있는 사람의 부인이 아니건만 이제는 '사모님'의 쓰임새가 거의 일반화되어간다.

외국의 호칭 현상을 살펴보면 한국어의 호칭이 얼마나 특이한지를 알 수 있다. 영어를 예로 든다면 두루 알려져 있다시

한국어의 불편한 진실: 왜 호칭이 문제인가

피 혈연적 요소를 찾기 어렵다. 공적인 상황에서는 오로지 공적인 용어만으로 대화가 가능하다. 사석에서는 '약간의' 혈연적 요소가 끼어들 소지가 있다. '마이 브로$^{My\ bro}$' 하면서 형제연하는 분위기가 있기는 하지만 그리 '지배적'인 것은 아니다. 단지 그들의 호칭에는 성별 요소가 있다. 그들에게 남녀의 구분은 사회적으로, 또 문법적으로 필수 요소다.

영어와 가까운 언어인 다른 유럽계 언어들에는 대명사의 존칭형과 평칭형이 나뉘어져 있어서 상대적으로 영어보다는 복잡한 호칭체계를 보여준다. 그러나 한국어에서처럼 고맥락적

인 다양함과 복잡함을 품고 있지는 않다.

한국어와 지리적으로나 역사적으로 상당한 관계에 있다고 생각되는 일본어나 중국어의 경우도 한국어처럼 호칭이 '문제적'이지는 않다. 한국어보다는 훨씬 정제되어 있고 제도화되어 있는 편이다. 따라서 누구든지 사회적으로 언어를 통해 자신의 행위 목표를 성취하려 할 때 언어 자체의 장벽에 갇힐 필요 없이 비교적 '자유스러운 발화'가 가능한 편이다.

어떤 언어든지 그 언어를 모어로 사용하는 사람들에게는 정신적으로 '자유로움'을 느끼게 하는 것이 정상이다. 그런데 한국어를 사용하는 사람들이 한국어보다 외래어를 사용할 때 더 자유스러움을 느낄 수 있는 것이 바로 '호칭' 부분이 아닌가 한다. 배우자를 '와이프'라고 부르는 것은 '아내'라는 말의 쑥스러움, '처'라는 말의 답답함, '내자'라는 말의 고리타분함, '마누라'라는 말의 무도함, '우리 집사람'이라는 말의 시대착오성 등을 우회하고 기피하려는 하나의 대화 전략이 아닌가 하는 생각이 든다. 곧 호칭 문제만큼은 외래어보다 더 불편한 모어를 사용하고 있는 것이 우리 한국어 사용자들의 슬픈, 그러면서도 불편한 진실이다.

시대 변화와
언어 혁신

시대가 바뀌면 언어도 변한다. 언어가 변한다는 것은 어휘, 발음, 기능, 의미가 갑자기 홀라당 바뀐다는 것은 아니다. 발음이 달라지면서 어휘 형태의 변화가 나타나고, 그러면서 용법의 변화도 조금씩 감지되다가 다른 의미로 변하곤 한다. 그러한 변화의 동인은 기본적으로는 시대의 변화라고 할 수 있다. 당연하다는 듯이 군부가 정치에 개입하던 시기에는 '군관민'이라는 말이 주로 사용되었으나 정치의 민간화가 이루어진 다음에는 누가 제안했는지도 모르게 '민관군'이 되었다.

　유럽의 언어도 전근대 사회에서는 중세기적 호칭을 사용했다. 작위에 따라서, 신분에 따라서 서로 다른 호칭을 사용함으로써 그 권위와 신분을 명확하게 하곤 했다. 예를 들어 영어의 호칭 '미스터Mr.'는 원래 상위 신분을 가리키는 말이었으나 점점 평칭으로 사용되었고, 프랑스어의 남성 2인칭에 해당하는 '무슈Monsieur'는 혁명 이전의 구체제에서는 왕의 가장 손위 형제에게만 사용되던 호칭이었다. 그러던 것이 의회체제의 발전과 정치의 민주화—특히 그들은 이 과정에서 이루 말할 수 없는 유혈 사태를 겪었다—를 통해 매우 합리적인 사회로 발전해나가면서 오늘날처럼 일상적인 호칭으로 사용할 수 있게 되었다.

독일어의 '헤어Herr' 역시 아랫사람이 귀족층 혹은 하인과 종을 부리던 사회적 상층부를 일컬을 때 사용하던 것이 점점 사용 범위가 넓어지면서 17세기에 와서는 보통 사람들을 점잖게 일컫는 호칭이 되었다. 곧 전근대 사회에서 근대 사회로 전이되는 과정에서 평범한 공식 호칭이 된 것이다.

서유럽과 북미인들의 호칭 혁신은 그 이후에도 사회운동이 벌어질 때마다 매우 중요한 역할을 했다. 1960년대 후반 미국에서는 여성들의 지위를 향상시키려는 진보적인 시민운동이 일어났다. 그들은 여성의 호칭에 반영된 기혼 여부를 나타내는 표지를 없애려고 노력하여 이제는 거의 대부분이 '미스Miss'와 '미시즈Mrs.'의 구분이 없는 '미즈Ms.'로 혁신되었다. 뿐만 아니라 남성을 상징하는 의미 요소를 남녀 모두에게 해당하는 요소로 바꿔서 여성들이 스스럼없이 사용할 수 있게 했다. 그래서 '체어맨Chairman'은 '체어퍼슨Chairperson'이 되었고 '포스트맨Postman'은 '포스트퍼슨Postperson' 혹은 '메일캐리어Mailcarrier'라는 대체어를 만들게 했다.

서유럽과 북미 사회의 여성들이 활발하게 사회활동을 하고 스스로의 목청을 높이며 전혀 주눅 들지 않은 모습으로 당당히 공적 활동을 하는 배경에는 언어적으로 전혀 밀리지 않고, 누구든지 자신을 만만하게 표현하기 어렵게 하는 이러한 '언어적 방패'가 있는 것이 아니었을까? 남들이 자신을 거명할 때마다 아직 결혼도 안 한 미혼이라는 딱지가 붙은 호칭을, 혹은 기혼자로서 늘 가정 살림에 신경을 써야 할 주부라는 표식이 붙은 호칭을 사용한다면 어찌 자기 의견을 끝까지 관철할 용기와 인내가 생기겠는가?

　가상적인 예를 하나 들어보자. 만일 우리의 호칭이 모두 학력을 표시할 수 있게 하면 어떨까? 현재는 '박사'라는 호칭이 학력을 나타내는 유일한 호칭이다. 그런데 사람마다 박사, 석사, 학사, 준학사 그리고 더 나아가 고졸, 고퇴, 중졸 따위의 호칭이 있다고 한다면 그 사회의 의사소통이 도대체 얼마나 건강하게 유지될 수 있겠는가? 그렇기 때문에 현재 한국 사회를 풍미하고 있는 호칭의 다양성은 사실 사회적 우위를 차지하려는 측과 바닥으로 내몰리지 않으려는 또 다른 세력 간의 숨가쁜 수싸움의 결과라고도 볼 수 있다.

　더 강한 성평등을 추구하는 미국과 유럽의 페미니즘운동이

한 걸음 더 솟구쳐 오르는 요즘은 아예 남녀의 구분을 짓지 않는 중성 아니면 통성에 해당하는 새로운 호칭이 제안되고 있는 형편이다. 이미 혁신이 완성된 듯한 인상을 주는 서유럽과 북미 사회도 새로운 쟁점이 나타나면 여지없이 기존의 언어 현상을 되돌아보며 반성한다. 그들의 사회 혁신의 에너지는 바로 이런 것이 아닌가 한다. 일상에서 나날이 사용하는 언어를 새로운 가치에 걸맞게 바꾼다면 익숙지 않은 새로운 것을 사용할 때마다 새로운 삶과 새로운 사회에 대한 새로운 '책임감'이 솟구치지 않겠는가.

새로운 호칭의 발견을 꿈꾸며

앞머리에서 지적했다시피 지나간 100년 동안 한국어는 중요한 단계를 경험했다. 역사적으로 거의 한번도 '공적 영역'에서 제 구실을 해보지 못하던 한국어가 공적 영역의 주인이 된 것이다. 정부, 의회, 사법, 저널리즘 등에서 한국어의 지위는 확실해졌고, 예술, 학술, 교육 등의 영역과 일기, 편지, 낙서 등의 개인의 사생활 영역에 이르기까지 보편적 표현 수단의 지위를 획득했다.

이러한 과정에서 우리의 보통 한국어가 정당성을 갖게 하기 위한 다양한 사회적 운동과 투쟁이 선행했다. 아직 일반 대중의 각성이 충분치 않은 관계로 주로 선진적인 지식인들에 의해 주도되다 보니 전문 학자들이 언어의 규범(표준어 사정, 맞춤법 제정, 사전 편찬 등)을 중심으로 전개한 엘리트 위주의 사회 혁신이 주를 이루었다. 좀 더 나아간, 광범위한 대중을 위한 언어 혁신에는 좀 미치지 못했다.

1945년 광복 이후 우리는 일본식의 어휘를 거부하고 더 나은, 고유한 어휘를 찾아 쓰기 위해 많은 노력을 기울였다. 그러나 이것도 이런저런 논쟁의 대상으로 전락해버리는 통에 충분한 언어 혁신을 이루지 못했다. 해마다 광복절이나 한글날이 다가오면 이런저런 언어 비평 기사들이 이런저런 일본식 어휘를 타박하는 정도로 잠시 지면을 메울 뿐, 이렇다 할 새로운 단계의 언어 혁신을 경험해보지는 못했다. 그나마 이러한 혁신의 시도 자체가 모두 '언어의 형태' 문제에 집중되어 있었지 언어의 사회적 기능을 염두에 둔 것은 아니었다. 그만큼 식민지 시대에 대한 분노를 표하는 기회였을 뿐 새로운 사회 혁신을 구상하며 던지는 정책 제안은 아니었다는 말이다.

이제 우리가 이러한 사회 혁신에 더욱 다가서는 언어 혁신을 준비한다면 그것의 가장 중심적인 목표는 '새로운 호칭의 발견'이 아닐까 한다. 그것도 오랜 언어적 침체를 일거에 혁신하고, 다른 언어의 한계까지 앞질러 뛰어넘어버리며, 신분과 지위의 차이, 성별의 차이 등을 한번에 이겨내는 '보편적, 시민적 공공 호칭'이라면 더욱더 바람직하겠다. 우리는 '마나님'이라든지 '나리마님', '아기씨'와 같은 전근대적인 호칭을 어느 결엔가 옛 어휘로 만들었다. 그런데 그 어휘가 빠져나간 빈틈을 '사장님', '사모님', '여사님' 들이 파고 들어오고 있다. 또 새로운 서비스 영역에 '언니', '이모' 등이 진입하고 있다. 그러나 그러한 호칭으로는 더 평등한, 더 대등한, 이 이상 차별 없는 사회를 펼치는 데는 역부족이다. 이 이상 금수저에서 흙수저까지의 잠재적인 서열 의식을 품고 있는 어휘는 피하는 것이 옳겠다.

민주사회를 조금이나마 앞당기는 데 공헌한 촛불의 의미를 추상적으로만 찬양하고 마음에 간직하기보다는 실제적인 사회 혁신을 이루어내고 그것을 후세에 물려주는 작업이 필요하

다. 훈민정음이 품고 있는 언어학적 가치를 찬양하는 것 못지
않게 그것이 가지고 있는 사회 혁신의 의미를 더욱더 중요하
게 여겨야 하지 않겠는가?

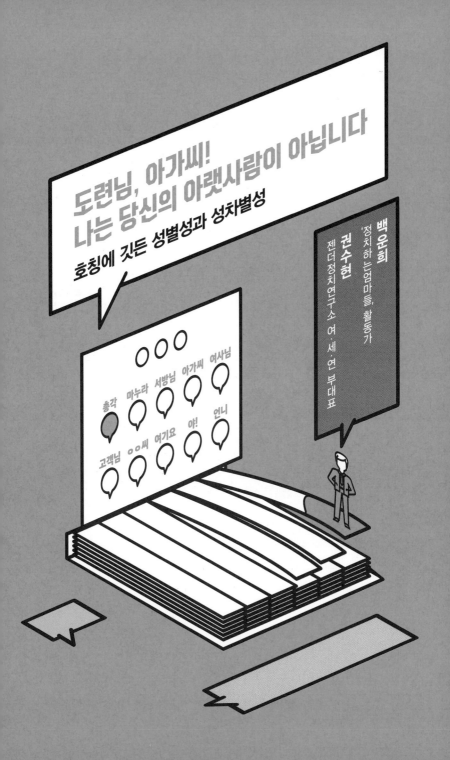

결혼,
가족관계 호칭에 눈뜨다

#장면 1

2017년 9월 7일, 청와대 홈페이지 '국민청원 및 제안'에 "여성
이 결혼 후 불러야 하는 호칭 개선을 청원합니다"라는 의견이
올라 종료까지 3만 3293명이 청원에 찬성했다. 청원인은 결혼
후 여성이 남편의 가족들을 부르는 호칭과 남성이 아내의 가족
들을 부르는 호칭이 성 불평등할 뿐 아니라 여성의 자존감을 낮
추고 있다며 제안 이유를 설명했다.

도련님, 아가씨! 나는 당신의 아랫사람이 아닙니다: 호칭에 깃든 성별성과 성차별성

결혼은 새로운 관계를 낳는다. 관계없던 이들이 결혼이라는 사회적 용인을 거치면 따라오는 것들이 있다. 이는 일상의 작은 부스러기에 불과할 수도 있지만 때로는 삶을 흔드는 갈등의 원인이 되기도 한다.

그래서일까. 독일 사회학자 울리히 벡은 "결혼은 삶의 오물통과 마주하는 일"이라고 했다. 나에게 결혼은 '낯설고 불편한 호칭의 세계와 마주하는 일'이기도 했다.

한국 사회에서 '나'를 기준으로 가족과 친인척을 부르는 호칭은 다양하고 복잡하다. 여기에 결혼으로 관계가 더해지면 단순히 두 배 이상 호칭의 종류가 늘어나는 데 그치지 않는다. 처음 접하는 낯선 용어가 자신을 가두는 '경험'까지 보태지는 것이다.

10여 년 전 결혼을 앞두고 처음 만난 시동생은 앞니가 빠진 개구쟁이였다. 치아가 유치에서 영구치로 바뀌는 과정을 겪고 있는 열 살 어린이, 남편의 늦둥이 동생이었다. 겉보기에 남편과 시동생은 형 동생보다는 삼촌과 조카 정도가 자연스럽고, 나와도 마찬가지로 형수와 시동생이라기엔 어색한 20년 가까운 나이 차이가 존재한다.

그럼에도 나는 결혼 후 시동생을 '도련님'이라고 불렀고, 존대했다. 누가 먼저 나서서 이를 강요하지 않았음에도 모름지기 상식과 규범을 아는 이라면 그렇게 해야 한다고 여겼다. 물론 단둘이 얘기를 나눌 상황에서는 말을 놓기도 했다. 그러나 어른들이 함께 자리하고 있거나 제3자에게 시동생을 일컬을 때면 자연스레 '도련님' 호칭이 굳어졌다.

정작 당시 우리의 주된 대화 내용은 이랬다.

"도련님, 방학 숙제는 다 했어요?"

"도련님, 영구치가 올라올 때는 양치를 꼼꼼하게 해야 해요."

"도련님! 고기만 먹지 말고 나물도 먹어야죠."

연장자를 우대하고 존칭 문화가 강한 한국에서 성인이 어린이를 높여 부르는 경우는 드물다. 어린이에게 '존중'을 가르치고 보여줘야 하는 교육 현장, 어린이를 고객으로 대접하는 자리에서나 드물게 어린이의 사회적 '신분'이 성인보다 더 높게 여겨지는 정도가 아닐까.

'결혼'으로 맺어진 관계는 이런 상황이 아님에도 성인이 어린이에게 존칭을 사용하는 것을 수용하게끔 한다. 다른 가정에서도 나이 차이 정도만 달라질 뿐 상황은 비슷하게 벌어진다. 같은 이유에서 내가 시누이를 '아가씨'라고 부르듯이. 바로 그것은 호칭이 표준 언어이자 예절의 지침으로 여겨지기 때문이다. 하지만 결혼한 시누이의 남편을 '시매부' 혹은 '서방님'

도련님, 아가씨! 나는 당신의 아랫사람이 아닙니다: 호칭에 깃든 성별성과 성차별성

이라고 부르는 것만큼은 나에게도 어려운 일이다.

호칭을 구분하는 기준은 과연 무엇이고 그런 기준을 어느 정도까지 지켜야 할지 궁금하지 않을 수 없다.

결혼 전에 부모의 친인척을 부르는 호칭은 부계와 모계를 구분하도록 되어 있고, 결혼 후에는 '나'의 성별에 따라 상대 가족 구성원을 부르는 호칭이 달라진다. 가족관계 호칭이 여성과 남성이라는 두 개의 기준으로 나뉘어 설명된다는 것은 한국의 가족관계에서 호칭을 구분하는 기준이 기본적으로 성별이라는 것을 말해준다. 더욱이 가족 구성원을 명명하는 방식 또한 성별화되어^{gendered} 있다.

대표적으로 각각 아버지 가족과 어머니 가족을 뜻하는 '친가(親家)'와 '외가(外家)'는 부계 중심(우위)과 모계에 대한 불인정을 내포하고 있다. 모계에 대해 '무례'하기까지 한 호칭 방식은 오랜 기간 아버지 성을 사용해온 부성(父姓) 쓰기 중심의 혈통주의와 결합해 우리 생활과 제도에 성별화된 방식을 자리 잡게 만드는 데 일조하기도 했다.

아버지와 남편의 집안 중심으로 제사가 이뤄지는 것과 경조 휴가와 경조비 지급에 있어서도 기업이 친가와 외가를 구분하여 외가에 대해서는 더 적은 일수와 비용을 지급하는 것이 대표적이다.

다누리, 여성가족부, 한국건강가정진흥원이 공동으로 제공하고 있는《한국생활가이드북》'가족생활문화' 편은 가족 내 호칭의 일반적 원칙으로 "손윗사람인 경우에 존댓말을 사용하고 손아랫사람에게는 주로 보통말을 사용한다"고 언급하고 있다.

그러나 141쪽의 그림을 보면, 윗사람이기 때문에 존댓말을 사용하고 손아랫사람이기 때문에 보통말을 사용한다는 원칙은 일반적이지 않다.

여성은 남편 가족의 모든 구성원들에게 존댓말(시아버님, 시어머님, 시아주버님, 형님, 아가씨, 서방님, 도련님 등)을 하도록 되어 있는 반면, 남성은 아내 가족의 모든 구성원들에게 보통말(장인, 장모, 형님, 처형, 처제, 처남 등)을 사용하는 것이 일반적이다.

특히 요즘의 정서상 반발을 사는 호칭의 사례가 바로 결혼한 여성이 남편 동생을 부를 때는 도련님이나 아가씨로 높여 부르고, 결혼한 남성이 아내의 동생을 칭할 때는 처남과 처제로 높이지 않고 부르는 관행이다.

이처럼 이들 가족관계 호칭은 대가족 사회에서나 요구된다는 점과 규정 방식에서 성인지 관점이 결여돼 있다는 특징을 지닌다.

핵가족화의 진행, 1인 가구의 급증, 다양한 가족공동체의 등장 같은 사회적 변화와 함께 차별받지 않고자 하는 욕구 역시 증가하면서 성 불평등하고 시대 변화에 따르지 못하는 호칭을 개선해야 한다는 목소리가 힘을 받는다.

2017년 청와대 홈페이지 국민청원 및 제안에 결혼 후 가족관계 호칭에 대한 개선 청원이 진행되고, 설과 추석 등 명절을 앞두고 호칭 관련 기사가 이어지는 현상은 이를 반영한다. 이 가운데 청와대 국민청원의 경우 30일간 20만 명 청원이라는 답변 조건에는 도달하지 못했지만 문제 인식에 공명하는 이들의 상당한 지지를 받았다.

2018년 3월에 열린 '3.8 세계여성의 날' 기념행사에서도 '아주버님, 도련님, 아가씨. 나는 당신들의 아랫사람이 아닙니다'라는 글과 함께 "국립국어원은 여성차별적인 표준어 예절 가족관계 호칭을 개정하라"는 내용을 담은 팻말이 등장했다.

이 같은 움직임이 거세지자 여성가족부는 같은 해 8월 제3차 건강가정기본계획을 보완, 발표했는데 여기에는 성차별적 가족 호칭을 개선하겠다는 내용을 담았다.

헌법 제36조 1항은 "혼인과 가족생활은 개인의 존엄과 양성의 평등을 기초로 성립되고 유지되어야 하며, 국가는 이를 보장한다"라고 규정하고 있지만 가족관계 호칭에서부터 여성과 남성은 결코 평등한 존재로 규정되어 있지 않다.

호칭은 한 사회가 개별 인간관계를 어떻게 규정하고 있는지를 상징적으로 보여준다는 점에서 중요하다. 성평등한 사회로

결혼 이후 여성과 남성의 호칭

● **결혼한 여성이 남편 가족을 부르는 호칭**

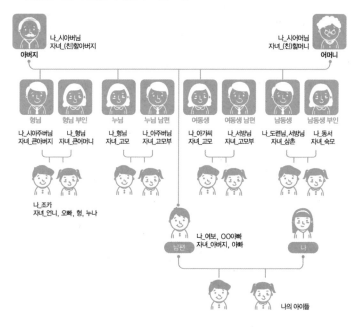

● 결혼한 남성이 아내 가족을 부르는 호칭

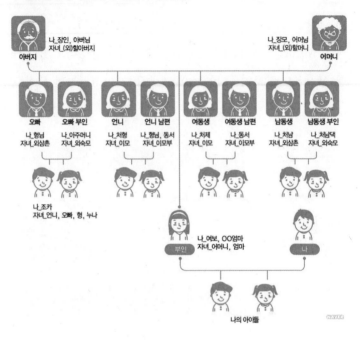

나_장인, 아버님
자녀_(외)할아버지
아버지

나_장모, 어머님
자녀_(외)할머니
어머니

오빠
나_형님
자녀_외삼촌

오빠 부인
나_아주머니
자녀_외숙모

언니
나_처형
자녀_이모

언니 남편
나_형님, 동서
자녀_이모부

여동생
나_처제
자녀_이모

여동생 남편
나_동서
자녀_이모부

남동생
나_처남
자녀_외삼촌

남동생 부인
나_처남댁
자녀_외숙모

나_조카
자녀_언니, 오빠, 형, 누나

부인
나_여보, OO엄마
자녀_어머니, 엄마

나

나의 아이들

※ 출처: 《한국생활가이드북》 '가족생활문화' 편

나아가려는 노력들이 지속되고, 시대정신 역시 이를 요구하고 있음에도 호칭이 변화하지 않은 상태로 사용되고 있다는 것은 역으로 시대가 변화하지 않았음을 보여주는 것은 아닌지 곱씹어볼 만하다.

도련님, 아가씨! 나는 당신의 아랫사람이 아닙니다: 호칭에 깃든 성별성과 성차별성

여성을 부르는 호칭
vs 남성을 부르는 호칭

#장면 2

박근혜 전 대통령의 국정농단에 대한 사실 규명과 탄핵 요구가 높아지던 시기에 박지원 전 국민의당 비상대책위원장은 "앞으로 100년 내 여성 대통령은 꿈도 꾸지 말라"고 말했다. 이재명 전 성남시장은 박근혜 전 대통령을 "근본을 알 수 없는 저잣거리 아녀자"라 불렀다.

초기 촛불집회에서 사회를 본 한 남성은 그를 "이년"이라고 불렀다가 촛불집회에 참여한 여성들의 항의를 받자 "녀어어어어ㄴ"으로 불렀다.

가수 디제이 디오시^{DJ DOC}는 〈수취인 분명〉이라는 노래에서 박 전 대통령을 '미스 박'이라고 불렀고, 비슷한 시기에 산이^{San E}가 발표한 곡은 〈나쁜 년^{Bad Year}〉이었다. 박 전 대통령과 최순실 씨 관련 기사의 댓글에는 "강남 아줌마가 대통령 연설문을 뜯어고쳤다", "이 나라를 망친 건 계집들", "암탉이 울면 집안이 망한다" 등의 표현이 주요 비중을 차지했다.

#장면 3

새로 임기를 시작하는 대법관 후보와 관련한 기사에서 『한겨레』는 남성인 안철상 후보는 '정통 법관'으로, 여성인 민유숙 후보는 '야당 소속 전직 국회의원의 부인'이라고 소개했다.

다른 주요 일간지(『조선일보』, 『동아일보』, 『중앙일보』, 『경향신문』, 『한국일보』)에도 "민유숙 판사의 남편은 국민의당 문병호 전 의원이다"라는 문구가 삽입되었다.

#장면 4

2017년 10월 공관병에 대한 가혹행위 등으로 고발 및 수사가 진행된 박찬주 전 대장 부부 사건을 놓고 당시 대다수 언론매체들은 가혹행위의 주요 행위자로 지목된 부인 전모 씨에 대해 실명이나 모씨 등으로 표기하는 대신 '박 대장 부인'으로만 보도했다.

한국 사회에서 호칭이 성차별적으로 사용된다는 사실에 대해 여성들을 중심으로 문제 제기가 오랫동안 이뤄져왔다.

도련님, 아가씨! 나는 당신의 아랫사람이 아닙니다: 호칭에 깃든 성별성과 성차별성

1990년 4월 14일 자『연합뉴스』에는 〈언론계 남녀차별 여전〉이라는 머리기사가 게재됐다. 기사는 한국여기자클럽이 여성 기자 264명을 대상으로 설문한 내용을 담았는데, 남성 기자들이 여성 기자를 부를 때 '미스 ○○○'라고 부르거나 '○○○ 여사'라는 호칭을 사용하느냐는 물음에 응답자의 66.3%가 그렇다고 대답했으며, 미스나 여사라는 호칭 방식에 거부감을 느끼는 사람이 응답자의 91.7%인 것으로 나타났다.

동일한 직업을 갖고 있음에도 성별에 따라 호칭을 달리한 것이다. 우리 사회에서 같은 직업을 놓고 여성 종사자에게는 '여(女)'라는 글자를 붙여 분류해온 일을 흔히 볼 수 있다. 여성 대통령, 여성 국회의원, 여의사, 여성 변호사, 여성 장관, 여비서, 여승무원, 여군, 여성 작가 등. 이러한 표현은 친숙한 반면에 남성 대통령, 남성 국회의원, 남의사, 남성 변호사, 남성 장관, 남비서, 남승무원, 남기자, 남성 작가 등은 거의 사용되지 않는다.

신분을 설명하는 경우도 마찬가지다. 언론의 사회면에서 종종 목격되어온 학력 비관 등의 사건 기사에서 남자 중학생이나 남자 고교생이라는 수식은 불필요하지만 여중생과 여고생은 익숙하게 소비되는 표현이다. 성을 강조하거나 사회문제로 대두되는 자극적인 기사의 경우 이 같은 사용은 더욱 두드러진다.

여성의 경우에만 성별을 드러내도록 상대를 부르는 방식도 문제이지만 더 큰 문제는 특정 직업을 가진 여성이 '잘못된' 행위나 말을 했을 경우에 비난의 화살이 행위나 말 자체보다도 그 여성의 '성$^{Sex, Gender, Sexuality}$'에 초점이 맞춰진다는 것이다. 즉 모든 여성이 그런 문제를 갖고 있는 것으로 일반화된다는 데 문제의 심각성이 있다. 앞서 언급한 박근혜 전 대통령과 최순실 씨에 대한 대중의 비난 방식은 이러한 경향성을 극명하게 보여준다.

박근혜 전 대통령을 '미스 박', '년'이라고 부르는 것, 최순실 씨를 '강남 아줌마' 등으로 부르는 것이 왜 여성혐오인지는 '미스'나 '년', '아줌마'라는 호칭이 한국 사회에서 어떤 의미로 사용되는지와 우리 사회가 어떤 경우에 이들 호칭을 사용했는지를 생각해보면 쉽게 알 수 있다.

역설적이게도 '여성'이라는 호칭의 성차별적인 사용은 남성에 의해 다시 한 번 여성을 폄하하는 방식으로 사용된다. 박근혜 전 대통령을 변호하던 유영하 변호사의 '박근혜 대통령이기 전에 여성으로서 사생활이 있다'는 발언은 박근혜 전 대통령을 대통령으로서 책임을 저야 할 사람이 아니라 보호받아야 할 여성이라고 규정함으로써 여성은 책임을 지지 않고 보호만을 원하는 존재로 폄하되었다.

#장면 5

12월 5일, 『매일경제』는 〈깜깜이 인사에 승포녀 눈물〉이라는 기사를 실었다. 기사는 출산으로 육아휴직을 사용한 뒤 일터에 복귀한 여성들이 인사고과에 밀려나며 승진을 포기하게 되는 현상을 비판하면서 '승포녀'라는 표현을 사용했다. 승포녀는 승진을 포기한 여성을 줄인 말로 경력 단절 여성을 뜻하는 경단녀에 이은 새로운 '녀' 조어의 등장이었다.

우리가 일상에서 사용하는 호칭에서도 남성을 지칭하는 호칭보다 여성을 지칭하는 호칭이 압도적으로 많다. 뿐만 아니라 남성을 기준으로 여성의 존재를 지우거나 비하하는 방식이 다수를 이룬다.

대표적으로 결혼한 여성은 '○○ 엄마, 아줌마, 제수씨, 형수님' 등으로 불린다. 이는 여성의 개체성이 상실되는 동시에 여성이 남편과 자녀에 의해 규정된다는 것을 보여준다.

이 같은 호칭 규정은 사회적 영역에서 여성을 한정 짓거나 편견을 덧씌우는 현상으로도 이어진다.

최근에 등장한 '맘충(엄마를 뜻하는 맘과 벌레를 뜻하는 충을 합친 신조어)'과 'ㅇㅇ여사'라는 호칭은 여성을 '문제가 있는' 대상으로 규정한 뒤 이를 일반 명사화하고 있다.

'경단녀'나 '승포녀' 또한 기본적으로 '녀(女)'라는 차별적 단어를 붙임으로써 비난과 비하의 뜻을 내포하고 있는 동시에 가사와 돌봄 노동의 가치를 경시하는 시각을 그대로 나타낸다.

가사와 돌봄 노동을 위해 경력이 단절되거나 승진을 포기한 남성에게 '경단남'이나 '승포남'이라는 호칭을 붙이지 않는다. 물론 사회문제로 부각되기에는 이에 해당하는 남성의 비중이 여전히 미미하다는 점도 한 몫을 할 것이다.

비슷한 사례는 많다. 최근에는 '맘비(맘과 좀비를 합친 신조어)'라는 호칭이 등장했는데, 여기엔 육아를 전담할 수밖에 없는 여성의 현실에 대한 자조가 섞여 있다.

그렇다고 결혼하지 않은 여성들을 부르는 지칭 역시 우호적인 시각을 담고 있는 것은 아니다.

지난 2005년 '개똥녀'부터 해마다 새로운 '녀'가 등장했다.

도련님, 아가씨! 나는 당신의 아랫사람이 아닙니다: 호칭에 깃든 성별성과 성차별성

2006년 된장녀, 2007년 군삼녀, 2009년 루저녀를 거쳐 2010 년 이후에는 김치녀와 메갈녀의 등장으로 이어졌다.

이러한 호칭들은 남성의 기준에서 여성들을 평가하고 분류 하고 비난하려는 의도가 다분하다. 그리고 이와 같은 호칭들 은 여성들에게 자신이 남성들이 분류한 그러한 기준과 범주에 속하지 않는다는 것을 끊임없이 증명하도록 요구하고 있다.

국립국어원이 지난 10년간 선정된 신조어 총 3663개를 분 석해보니 여성과 남성을 지칭하는 단어는 모두 288개였다. 그 리고 이 중에서 '녀(걸)'는 196개, '남'은 92개였다.

여성을 지칭하는 신조어가 두 배 이상 많았고, 여성 지칭어의 11.7%(23개)와 남성 지칭어의 5.4%(5개)는 '낮잡아 이르는 말 (비하어)'이었다. 또한 여성을 지칭하는 단어(청글녀*, 스크림녀**, 잇몸녀*** 등)는 외모와 관련된 것이었고, 남성을 지칭하는 단 어(츤데레남****, 뇌섹남***** 등)는 긍정적인 의미를 갖는 경우 가 상대적으로 많았다.

---

*   청순하고 글래머인 여자.
**   공포영화 범인이 쓰고 나온 괴기스러운 가면처럼 흉하게 생긴 여자.
***   웃을 때 잇몸이 과도하게 드러나는 여자.
**** 겉으로는 퉁명스럽지만 따뜻한 마음을 가진 남자.
***** '뇌가 섹시한 남자'의 줄임말. 유머가 있고 지적 매력이 있는 남자.

호칭의 정치에서 벗어나
자신들의 언어로…

#장면 6

2008년 노모·최모 씨 부부는 당시 여덟 살이던 아들의 이름인 노길동(가명)을 '노최길동'으로 고치기로 마음먹고 법원에 아들의 개명(改名)을 신청했으나 법원으로부터 기각당했다.

서울남부지법은 기각의 사유로 "우리나라 성씨 중에는 '노최' 씨가 없으므로 이름을 부를 때 노길동으로 불리는 것이 맞다. 이렇게 부르면 성이 최씨인지, 노씨인지 쉽게 알 수 없다. 한창 자아를 형성하면서 성장 중인 아이로서는 자신의 의사와 관계없이 '노씨가 되기도 하고, 최씨가 되기도 한다'는 놀림을 받아야 한다"고 말했다. 반면에 그 이전에 신정모라(저술가) 씨와 고은광순(한의사) 씨는 자신의 이름에 어머니 성을 붙여 세 자짜리 이름으로 개명 신청을 해 허가를 받았다.

지난 1997년 3월 8일, 세계여성의 날 행사에서 여성들은 남아선호와 부성 중심의 호주승계제도를 타파하기 위한 노력의

도련님, 아가씨! 나는 당신의 아랫사람이 아닙니다: 호칭에 깃든 성별성과 성차별성

하나로 '부모성 같이 쓰기' 운동을 선언했다. 이는 부계 중심의 혈통주의를 없애는 한편 그동안 소외되어온 모계를 확인하는 의미를 지닌다.

이 선언으로 많은 여성들이 어머니의 성을 자신의 이름 앞에 붙여 사용하기 시작했고 이는 지금까지도 이어지고 있다. 그리고 민법의 호주제 규정이 폐지되고 새로운 신분등록제가 만들어지면서 부부는 혼인신고 시에 자녀의 성을 '모성'으로 쓸 것인지, '부성'으로 쓸 것인지를 결정할 수 있게 되었다.

하지만 이러한 제도적 장치가 마련됐음에도 알고 있는 이들은 많지 않다. 알고 있다 하더라도 실제 제도를 통해 자녀의 성을 모성으로 규정하기에는 관습화된 인식과 사회적 시선이 벽으로 존재한다.

한국여성민우회는 가족관계에서 일어나는 불평등한 호칭문화를 바꾸기 위해 지난 2006년 말부터 2007년까지 '호락호락 캠페인'을 진행했다. 당시 이에 공감하는 목소리가 있었지만 저항도 만만치 않았다. 하재근 학벌없는사회 사무처장은 당시 한국여성민우회 캠페인을 옹호한 칼럼을 썼다가 악성 댓글에 시달렸다. 온라인에서는 '남성가족부, 안티여성부, 남성권익보호당' 등 여성을 비방하고 남성의 이해를 대변하겠다고 나선 인터넷 사이트와 카페가 생겼다.

한 국어학자는 불평등한 호칭의 "어원을 밝혀 의미를 부여하는 것은 차별의식을 오히려 부각시킬 수 있다"며 부정적인 의사를 밝혔다. 이후 한국여성민우회는 '호락호락 캠페인2'를 진행하며, 부부 간 호칭의 대안으로 '배우자'라는 단어를 제시했지만 실효적인 성과를 거두었다고 말하기는 어렵다.

가족관계에서만이 아니라 일상적인 개개인의 관계에서도 위계적인 호칭을 바꿔보려는 노력이 계속되고 있다. 대표적인 것이 성을 빼고 이름만 사용하는 것이다. 이름을 부를 때는 '님' 자를 붙이는 경우가 많다.

이름보다 예명을 사용하는 경우도 늘었다. 최근에는 아이돌 가수 등 문화예술계를 중심으로 예명을 쓰거나 성을 빼고 이름으로만 활동하는 모습이 일반적이어서 사회구성원들에게도 이는 어색함 없이 받아들여지는 모습이다.

공적 영역에서 활동을 벌이는 여성들이 예명을 사용하는 사례도 빈번하다. 많은 여성들이 예명을 사용하는 것은 직업과 나이, 소득 수준과 같이 개인을 규정하는 여러 외부적인 조건들로 자신과 상대를 규정하지 않으려는 노력의 일환이기도 하지만 온라인상에서 무차별적으로 '여성들'에게 이뤄지는 '신상

도련님, 아가씨! 나는 당신의 아랫사람이 아닙니다: 호칭에 깃든 성별성과 성차별성

털기'에서 자신을 보호하고 지키기 위한 측면도 없지 않다.

그런가 하면 부부 사이에도 서로를 별칭으로 부르는 모습이 드물지 않게 목격된다. 가까이는 언니네 부부가 그렇다. 서로를 '둥둥'과 '송송'이라고 칭한다. 내 아이는 위계의 의미가 담겨 있는 작은(큰) 이모나 작은(큰) 이모부라는 호칭 대신 각자의 개성을 드러내는 '둥둥 이모'와 '송송 이모부'로 부르려고 노력한다. 부부 사이를 넘어서 가족관계에도 별칭이 영향을 미치는 대표적 예다.

이와 함께 최근에 등장한 주목해볼 만한 사례는 2017년 6월 양육 당사자의 정치참여 필요성에 공감하며 창립한 비영리단체 '정치하는엄마들'이다.

구체적으로는 정치하는엄마들의 회원들이 서로를 부르는 호칭이다. 정치하는엄마들 회원들은 서로를 '언니'라고 부른다. 단체 회원의 성별이 여성에 국한되거나 출산과 육아를 경험한 '엄마'에만 한정되지 않는다는 점에서 언니는 성별이나 연령에 상관없이 모두를 통칭한다.

남성이나 조부모 회원에게도 언니라는 호칭을 사용하는 일은 정치하는엄마들에서 쉽게 볼 수 있는 광경이다. 언니는 과거 동성의 손위 형제를 부르던 우리말이라는 점에서 상호존중의 의미도 담겨 있다. 이를 통해 회원들은 누군가의 엄마나 아빠 또는 소속 회사의 직책 등과 같은 모든 규정에서 자유롭게 벗어나 서로를 대하게 된다. 그러다 보니 처음 만난 이들이 서로의 배경을 묻는 불편함이 사라졌다. 연령에서 벗어나니 의사소통 과정에서도 민주성이 한결 보장됐다. 모두가 언니라는 동등한 입장에 서다 보니 호칭의 정치에서 벗어나 자신들의 언어로 이야기하기 시작한 것이다. 이는 그동안 자기 언어를 갖지 못한 채 타자화되고 차별화된 대상으로 분류됐던 여성들 입장에서 눈여겨볼 만한 지점이다.

한국 사회에서 호칭이 갖고 있는 성별성과 성차별성은 한순간에 깨뜨리기 어렵다. 오랜 시간 사용되어왔던 호칭을 새로운 것으로 바꾸는 것 역시 사회적 공감대 형성과 의견 수렴 등 녹록지 않은 과정을 필요로 한다.

최근 정치하는엄마들의 온라인 커뮤니티에서도 언니라는 호칭에 대해 문제 제기가 있었다. 해당 글의 게시자는 단체의 활동 방향에는 공감하지만 언니라는 호칭에 거부감이 든다는 의견을 밝혔다. 언니가 성별화된 호칭이어서 단체의 확장성을 제한하며 위계적인 성격을 지닌다는 것이었다.

반면에 언니가 공적 영역에서 사용하기 적절치 않고 성별화
돼 있다는 시각 자체가 오히려 성별화된 틀에 갇혀 있는 것이
며, 모두가 언니라고 부름으로써 친교 과정에서 생길 수 있는
자연스러운 위계 상황을 방지할 수 있다는 반대 의견도 이어
졌다. 호칭을 대하는 다양한 시각과 통념의 벽이 존재함을 경
험한 순간이었다.

지난 수십 년 동안 진행되어온 노력의 성공 여부를 평가하
기에도 아직 시간은 필요해 보인다. 그럼에도 긍정적인 지점
도 있다. 호칭을 비롯해 한국 사회의 구조와 문화가 성별을 강
조하고 있고, 성차별적인 방식으로 특정 집단을 배제·억압하
고 있다는 사실을 알아가면서 이를 바꾸고자 하는 이들이 확
실히 이전보다 많아지고 있다는 것이다.

물론 이에 대한 저항도 만만치 않다. 그러나 인류 역사의 흐
름이 최대한 많은 사람들의 자유와 평등을 보장하는 방향으로
흘러왔다는 사실을 생각해보면, 그러한 저항에도 불구하고 호
칭에 대한 성차별성도 성평등한 방향으로 변화될 것이라 생각
한다. 지금 이 순간 필요한 것은 지속적인 문제 제기와 행동하
려는 노력이다.

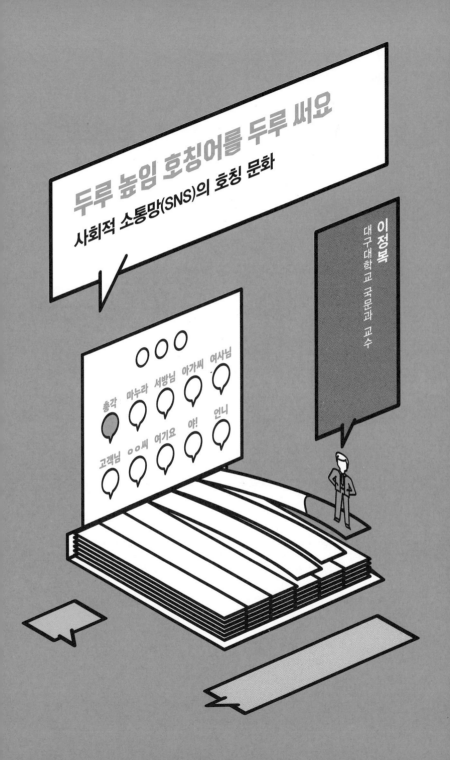

쓰임새가 넓은
두루 높임 호칭어

호칭은 경어법과 함께 여러 가지 언어 범주 가운데서 가장 사회적인 것으로, 사람들의 삶과 상호관계에 밀착되어 있다. 그렇기 때문에 호칭어의 용법은 시대의 흐름과 사회구조의 변화에 따라서 지속적으로 변한다. 호칭어에 대한 정확하고 깊이 있는 이해를 위해서는 언어 형식의 '어휘적 의미'에 머물러서는 안 되고 그것이 쓰이는 사회 또는 언어공동체에 대한 충분한 이해가 선행되어야 한다. 어휘적 의미나 과거의 쓰임을 넘어 호칭어를 쓰거나 듣는 많은 사람들이 그것의 기능과 의미를 어떻게 인식하는지가 중요하다. 예를 들어 처음 보는 젊은

두루 높임 호칭어를 두루 써요: 사회적 소통망(SNS)의 호칭 문화

여성에게 '아가씨'라고 부르자 불쾌감을 드러내는 상대방에게 '예전에, 미혼의 양반집 딸을 높여 이르거나 부르던 말'인데 왜 그러냐고 하는 태도는 과거의 용법에 얽매여 현재의 의미 기능을 못 보는 것이다. 언어 자체가 지속적인 변화를 겪는 것이기도 하지만 호칭어의 쓰임이 사회의 변화에서 직접적인 영향을 받는 것이라면 그 쓰임을 접하고 이해하는 과정에서 의미 기능의 변화에 적극적이고 유연한 태도를 갖는 것이 필요하다.

호칭어는 단순한 언어 사용이 아니라 화자와 청자의 상호관계를 말을 통해 자리매김하는 중요한 의미가 있다. 한국어 호칭어 가운데는 가족 또는 친족관계에서 쓰이는 것이 특히 발달했고, 그것이 친족관계를 벗어나 사회에서 쓰이는 일이 많다. 혈연관계에 있지 않은 낯선 남남끼리 친족 호칭어를 쓰게 되면 그 호칭어의 본래 의미와 비슷한 가족관계를 일시적으로나마 형성하게 되고, 언어 사용과 행동에서 그러한 관계와 역할의 유지와 수행을 서로 인정하고 약속한다는 암묵적 동의의 뜻을 갖는다. 친한 사이의 학교 선후배가 '언니', '오빠'라는 친족 호칭어를 쓰는 것은 스스로 상대방을 친언니, 친오빠를 대하듯 하겠다는 의미가 내포되어 있다. '형', '동생'으로 부르는 사람들은 서로 잘못이 있어도 가족처럼 너그럽게 봐달라는 기대를 갖기도 한다. 화자가 자발적으로 쓰고 청자가 편안하게 받아들이는 이러한 친족 호칭어의 사회적 사용은 별문제가 없고, 또 친밀하고 부드러운 분위기를 만들면서 사람들의 관계 발전에 도움이 되는 등 그 나름대로의 긍정적 기능이 있다.

그러나 친족 호칭어 사용을 상당히 거북하거나 불편하게, 나아가 불쾌하게 받아들이는 경우가 많은 것도 사실이다. 길에서 모르는 30대 여성에게 '아주머니' 또는 '어머니'라고 부르면 "저 아직 결혼 안 했어요. 그리고 어딜 봐서 제가 아주머니/어머니죠?"라는 반발이 나오기 십상이다. 대학 여자 후배가 남자 선배들을 '형'이라고 부르면 "너 남자야? 오빠라고 해"라는 질책과 요구가 쏟아지는 경우도 있다. 끈질긴 가족 인연의 굴레에서 고통받는 사람들은 사회에서 듣는 친족 호칭어 자체가 스트레스로 다가온다. '어머님', '아버님'이라고 불릴 때에는 자신의 나이와 외모를 생각해보게 되고, 불쾌감 또는 자괴감에 빠지기 쉽다. 특히나 젊음과 동안(童顔)이 최고의 관심사가 된 현재의 외모지상주의 한국 문화에서 낯선 사람을 '할머니', '할아버지'라고 부르는 것은 되돌리기 어려운 최악의 실수가 될 가능성이 높다. '노인'이라는 말이 사라지고 대신 '실버'니 '시니어'라는 말이 대신 쓰이면서 '할머니', '할아버지'라는 말도 두루 높임 호칭어로서 이제 최악의 기피 대상이 되었다. 호칭어 사용에서의 의도치 않은 이러한 실수와 그 결과로 생기는 심리적 갈등은 사람들의 실제적 관계 발전에 부정적 영향을 끼치게 된다.

　'두루 높임 호칭어' 또는 '통칭(通稱) 호칭어'는 주로 잘 모르는 사람들 사이에서 나이나 지위, 신분 등을 정확히 따지지 않고 여러 사람에게 두루 쓰는 호칭어를 말한다. 길에서 처음 보는 사람을 '아저씨', '아주머니'로 부르는 경우, 경찰관이 차량을 세운 후 운전자에게 '선생님'이라고 부르는 경우, 식당 종업원이 손님을 '사장님'이라고 부르는 경우, 대학교 앞에서 20대 여성을 '학생'이라고 부르는 것이 모두 두루 높임 호칭어의 쓰임이다. 한국어의 대표적 두루 높임 호칭어는 크게 '직함 호칭어'에서 발달한 것과 '친족 호칭어'에서 발달한 것으로 나뉜다. '선생님', '사장님', '사모님'이 앞의 경우고, '할아버지', '아주머니', '언니' 등이 뒤의 보기다.

　1991년 조선일보사와 국립국어원이 펴낸 《우리말의 예절》에서는 전혀 안면이 없는 사람을 만나 부르고 가리킬 경우 그 사람이 아주 나이가 많다면 '어르신(네)', '선생님'이라고 하고 동년배면 '선생(님)'을 쓰도록 했다. 그런데 만난 사람이 여성일 경우 윗사람에게는 '어르신(네)', '할머니(님)', '아주머니(님)'를 쓰고 동년배끼리는 경우에 따라 '할머니', '아주머니'를 쓰도록 했다. 낯선 사람에게 '선생님' 또는 '선생'을 두루 높임 기능으로 쓰되, 여성에게는 '할머니'나 '아주머니'를 쓰도록 한 것인데, 여기서 뚜렷한 성차별이 보인다. 여성에게는 '선생님'을 왜 쓰지 말라고 했을까? 이러한 호칭어 사용 기준을 만든 사람 가운데 과연 여성이 있었을까? 다행스러운 것은 국립국어원에서 2011년에 펴낸《표준 언어 예절》을 보면, '선생님'을 상대방이 남성인지 여성인지 구별하지 않고 널리 쓰도록 수정한 점이다.

성인들에게 두루 쓸 수 있는 호칭어 '선생님'은 주민센터, 경찰서 등의 공공기관에서 방문자들에게 쓰는 표현으로 이제 확실히 자리 잡았다. 학교나 학원, 병원의 구성원들도 이 말을 서로 간의 호칭어로 널리 쓰고 있다. 친근한 직장인들은 '선생님'을 간단히 줄여 '샘'이나 '쌤'이라고 부른다. 이와 함께 병원에서는 규모와 관계없이 환자 등 방문자를 'ㅇㅇㅇ 님'으로 부르는 것이 정착 단계에 이르렀다. 예전에 동사무소나 병원 등에서 'ㅇㅇㅇ 씨'라고 부르던 것과 비교할 때 이러한 '선생님/샘/쌤'과

'○○○ 님'의 사용은 한국어 화자들이 서로를 좀 더 인격적으로 대우하고, 더욱 존중하는 사회적 분위기를 만들어가는 데 확실히 도움이 된다. 또한 두루 높임 호칭어 '선생님'을 한국어 화자 모두가 일상적으로 편하게 쓰는 상황이 되면 가족 호칭어의 남용 때문에 겪는 심리적 갈등을 자연스럽게 풀 수 있을 것이다.

페이스북 누리꾼들이 사용하는 다양한 '님'

인터넷 통신 언어에서 호칭으로 쓰이는 대표적 형식은 '님'이다. 1990년대 컴퓨터 통신(PC통신) 시절부터 쓰이기 시작한 호칭어 '님'은 20년 이상이 지난 지금도 인터넷 공간에서 활발히 쓰인다. 통신 공간의 익명성, 평등성, 경제성에 잘 들어맞는 두루 높임 형식으로서 확실히 자리 잡았다. 1음절로서 형태가 간결하고, 의미 면에서 높임 기능이 강하면서도 잘 모르는 누구에게 써도 거부감이 없기 때문에 누리꾼들이 적극 받아들인 결과다. 대표적 사회적 소통망인 페이스북 이용자들의 '님' 사용 보기를 몇 개 들기로 한다.

페이스북 누리꾼의 '님' 사용 ①

이용자 1: 반가워요~~^^ 혜리 님.

이용자 2: 넹 안녕하세요^^ 반갑습니당!

이용자 1: 앞으로 저희 그룹에서 자주 봐요. MAD 마켓 주인
장님.

이용자 2: ㅎㅎㅎㅎㅎㅎ넹 자주 뵐게요^^ 편안한 밤 되세요!

위의 보기에서 남성 누리꾼인 '이용자 1'이 여성 이용자에게
'혜리 님'이라고 하여 '님'을 이름 뒤에 의존명사로 썼다. '주인
장님'에서는 접미사 기능의 '님'이 쓰였다. 두 이용자는 잘 모르
는 관계로서 '님'을 나이 등의 지위 차이와 관계없이 서로 두루
높임 기능의 호칭어로 자연스럽게 쓰는 모습을 보여준다.

페이스북 게시글인 다음 보기에서도 이름이나 통신 이름
뒤에 '님'을 규칙적으로 붙여 다른 누리꾼들을 높이 대우하고
있다.

➡ 페친들과 함께하는 알음알음 이벤트

➡ 수리 마시고 태그 걸고 인증샷 남기기!가 종료되었습니다.

두루 높임 호칭어를 두루 써요: 사회적 소통망(SNS)의 호칭 문화

혹시 사진을 못 올리신 분들을 위해 마지막 찬스로

명절연휴가 끝나는 18일까지 신청을 받습니다!

현재까지

정민 님, 김인영 님, 손영준 님, 이천희 님,

김지혜 님, 박경호 님, 이유지 님, Chuyon Yu 님, Yoo Ahn 님,

박범 님, 김성중 님, Crystina SJ Jin 님, 란이 님, 김민지 님, 유현

주 님, 이상민 님,

Kyungae Roh 님, 김지형 님, Linda Lee 님,

양은경 님, 김정규 님, 이소림 님, 성명숙 님,

이태연 님, 서세은 님, 박연정 님, 홍태근 님, Selena Bang 님

응모해주셔서 감사합니다.

페이스북 누리꾼의 '님' 사용 ②

페친님 사랑: 한 해 동안 함께해주신 페친님과의 인연을

영상에 담아 오랫동안 기억할 겁니다.

영상에 다 넣을 수 없는 페친님 모두 내 맘속에 새

겨두고 그리워할 겁니다.

연말 잘 마무리하시고요.

새해에는 어느 곳에 계시든지 계시는 그 자리에서

축복을 누리시고 늘 강녕하셔요 사랑합니다…^^)

이 게시글에서 '페친님'은 '페이스북 친구'의 줄임말 '페친'에 접미사 '님'이 결합된 말이다. '님'은 '사장님', '교수님', '의원님'처럼 기존 표현에 붙는 일이 많지만 '실친님'*, '존잘님'**, '존예님'***처럼 인터넷에서 만들어진 사람 관련 새말에 붙어 쓰이는 일이 많다.

페이스북 누리꾼의 '님' 사용 ③

이용자 1: 제이스 님 오해 없길 바라며 ^^ 시비를 걸려는 건 아니지만 제이스 님이 인용한 이런 류의 글은 솔직히 현학적인 말장난으로밖에 안 보여요. 이해도 안 되는 이유가 '개연성'이 없어서 무관심이 어떻게 '정밀한' 것

---

*   '실친'은 '실제 친구'를 줄여 이르는 말.
**   '존잘'은 '매우 잘생긴 사람'이라는 뜻이며, '존나 잘생긴 (사람)'을 줄여 이르는 말.
*** '존예'는 '매우 예쁜 사람'이라는 뜻이며, '존나 예쁜 (사람)'을 줄여 이르는 말.

두루 높임 호칭어를 두루 써요: 사회적 소통망(SNS)의 호칭 문화

인지도 모르겠고 그렇다고 이를 설명해주는 배려도
없고 생뚱맞게 '무관심의 예술'로 뛰어넘어 갑니다.

이용자 2: A text talks to another text; this text talked to my text, not yours. That's all. 본인에게 와닿지 않는 걸 왜 너에게 가닿느냐라고 하시면 그건 시비가 맞아요ㅎㅎ 그러니까 여기까지.

　

이 페이스북 댓글 대화에서는 '제이스 님'이라고 하여 이용자의 통신 별명인 '제이스'에 의존명사 '님'을 붙여 가리켰다. 상대방의 게시글 내용을 직설적으로 비판하면서도 가리킴말은 높임 기능의 '님'을 쓴 점이 눈에 띈다. 다른 누리꾼을 비판하는 상황에서도 예의를 갖추기 위해 '님'을 붙인 것이다. 비판하거나 싸우는 상황에서도 '님'이 누리꾼들의 관계 파탄을 막아주는 기능을 발휘한다. 그만큼 '님'이 인터넷 통신 공간에서 잘 모르는 다른 누리꾼들에게 쓰는 대표적이고 일상적인 호칭어로 굳어졌음을 알 수 있다.

페이스북 누리꾼의 '님' 사용 ④

이용자 1: 이쁘신 줄 알았더니 피부까징~~!! 님 좀 짱인듯~!!!

이용자 2: 아니에요. 요즘 안 좋아졌어요 몸속 챙기고 피부 챙

기기 ^^

이용자 1: 역쉬~~!! 마인드까지 이쁘시네요^^

이용자 2: 기분 좋으신 일 있나 봐요 ㅋㅋㅋㅋ

이용자 1: ㅎㅎㅎㅎㅎㅎㅎㅎㅎ

서로 잘 모르는 페이스북 남녀 이용자 두 사람의 댓글 대화에서 남성이 여성을 가리켜 '님'이라고 했다. 여기서의 '님'은 대화 상대방을 가리키는 2인칭 대명사다. 1990년대 말에 이미 '님'이 접미사, 의존명사, 대명사 기능으로 쓰이고 있었는데 20여 년이 지난 지금 사회적 소통망인 페이스북에서도 여러 가지 기능의 두루 높임 호칭어로서 잘 쓰이고 있음이 확인된다.

그런데 다음은 외국인 페이스북 남성 이용자가 한국인 여성 이용자에게 '님' 대신 '씨'를 쓴 것이 눈에 띈다.

두루 높임 호칭어를 두루 써요: 사회적 소통망(SNS)의 호칭 문화

외국인 페이스북 누리꾼의 '씨' 사용

Pri***: 홍○○ 씨는, 12월 파티를 엽니까?

홍○○: 만두 파티요 ^^

Pri***: 홍○○ 씨는, 네, 12월에 잘 지내십시요. 건강하세요.

Pri***: 홍○○ 씨는, 밤에 시간 되세요.

 한국인 누리꾼들의 경우에도 페이스북에서 잘 모르는 사람에게 '씨'를 쓰는 일이 전혀 없지는 않겠지만 대다수 누리꾼들에게는 '님' 사용이 규칙처럼 퍼져 있다. 이와 달리 외국인들은 한국어를 배울 때 두루 높임 형식으로 '씨'를 쓰도록 배운 결과, 인터넷 공간에서도 '이름+씨' 형식을 쓰는 것으로 해석된다. 또한 한국어를 잘 모르는 외국인들이 자동 번역을 통해 한국어를 쓰는 경우 번역 과정에서 아직은 두루 높임 호칭어로 '님'보다는 '씨'가 제시되기 때문에 이런 용법이 나왔다는 생각이다. '씨'도 높이거나 대접하는 기능의 호칭어지만 '님'에 비해 높임 기능이 약하게 인식되고, 특히 인터넷 공간에서는 쓰임이 적절치 않다는 인식이 있기 때문에 처음 대화를 나누는 외국인이 '씨'를 썼을 때는 불쾌감을 줄 수 있다.

트위터 누리꾼들의 호칭어

페이스북과 함께 대표적인 사회적 소통망인 트위터의 누리꾼들은 '님'을 어떻게 사용하고 있는지 살펴보기로 한다.

트위터 누리꾼의 '님' 사용 ①

가. 연합오소리 노○○ 기자님 응원합니다. 하루 한 번 응원하기 누를 수 있어요. 우리도 기자 갈라치기 하죠^^ http://media.naver.com/j/27631?oid=001

가-1. 잠드셔야 할 시간까지 -55분 남았습니다. 한자모 회원님들, 슬슬 위기감이 들지 않나요? 어서 주무세요…

나. 더레프트 님 정말 최고다. 이 작품은 정말 오래오래 기억될 듯하다

나-1. 반혈 님이랑 모카 님 투닥거리는 거 애기들 같아서 더 귀여움

나-2. 아니 진짜 강성훈 님 겁나 스윗하시고 미쳤네… 말투 발린다 어떻게 저렇게 스윗한 말투를 쓰고 뿅망치 잡고 때

리는 것조차 귀여우실까… 나이가 의심스럽다… 저 얼굴
에 저 행동에 저 몸매면 무조건 20대 초반이 분명해!

나-3. 이거 제발 들어줘 진짜 가사 너무 좋고 예은 님 목소리
우주 부심. 창법도 존나 좋고 간주 부분 밝은 느낌도 나
면서 굉장히 어두움… 확인하면 마음 주고 들으면 꼭 멘
션 주기… 너무 다들 들어주길 원해… pic.twitter.com/
vZvTsTlzaN

다. 쓰ㅂ 님들 저 방금 에스컬레이터에 신발끈 끼여서 죽을
뻔했어요 님들도 조심하세요 안전조심

다-1. 풉 ㅋㅋ ㅋ ㅋㅋ ㅋㅋㅋ ㅋ ㅋㅋ ㅋㅋㅋ 서프라이즈에 나
올 일이네 기자 맞았다고 전쟁선포라니 아니 기자들에게
잘 보여야 할 뭔 이유가 있는 줄 모르겠으나 이런다고 님
의 당 지지율 안 올라요~~

　　트위터 누리꾼들도 '님'을 접미사, 의존명사, 대명사 기능의
두루 높임 호칭어로 활발히 쓰고 있다. 가, 가-1의 '기자님', '회
원님'은 일상어에서도 잘 쓰이는 구성이지만 나, 나-1의 '더레
프트 님', '모타 님' 등은 잘 모르는 누리꾼들 사이에서 상대방
의 통신 별명에 의존명사 '님'을 붙인 것으로 인터넷 공간에서

만들어진 구성이다. 나-2, 나-3은 연예인들 이름 뒤에 '님'을 붙인 용법이다. 연예인들에 대해서는 긍정적인 심리적 거리가 작용하여 그냥 이름으로만 가리키는 일이 흔하지만 자신이 따르고 좋아하는 인물에게는 의도적으로 '님' 등의 높임 형식을 씀으로써 '팬심'을 적극적으로 드러낸다. 다에서 다수 누리꾼을 가리키는 대명사 기능의 '님들'이 쓰였는데, 이 맥락에서 '트위터 친구'를 줄인 '트친'에 '님'이 접미사로 결합된 '트친님들' 형식도 자주 쓰인다.

트위터 누리꾼의 '님' 사용 ②

가. 문재인 대통령님의 한중외교, 정상회담은 대성공입니다. 큰일 하셨습니다.

가-1. 지난 지선 때 최재성 의원님, 김경수 지사님 계좌를 채우고 오중기 위원장님 목표 5억 중 4억인가 채워드렸던 문파들의 마음을 지금 더불어민주당은 못 얻고 있다는 반증이겠지요.

나. 우아아앙~ 문재인 대통령 보려고 모여든 중국 충칭 시민들이래요~ 꺄~ 대륙오소리들 #이니 대신 #기리 #정이

와 찰칵

나-1. 박주민 이재정 귀욤귀욤 분위기도 훈훈하구마잉 제발 이

모습 그대로 민주당은 정부 적극 지원하는 거다!! 속 좀

그만 썩이고

다.　박○○ 씨, 유감스럽겠지만 문파들은 경선 때 당신의 저

급한 언행을 잊지 않고 있습니다.

가, 가-1은 트위터 누리꾼들이 정치인들에게 '님'을 쓴 보기
다. '문재인 대통령님', '최재성 의원님', '김경수 지사님'처럼 유
명 정치인에 대해서는 이름이나 성 뒤에 '직위+님'을 붙여 존
중하고 지지하는 마음을 격식적으로 표현한다. '대통령님'이라
는 구성은 1990년대 말 김대중 대통령이 당선되면서 만들어
진 '정치적 조어'인데 그것이 나오게 된 것은 역시 누리꾼들 덕
분이다. 언어학 교재에서 '과장님, 사장님, 조교님, 감독님, 기
사님'처럼 수많은 직함에 '님'이 붙지만 '대통령님'이라고는 하
지 않는다고 기술한 것처럼 이전에는 불가능한 쓰임이었다.
그러나 사회적으로 권위주의 문화를 청산하려는 바람이 강하
게 불고, 인터넷 공간에서 지위 차이와 관계없이 서로 '님'을
자유롭게 쓰는 새로운 언어문화가 자리잡으면서 권위주의적

인 '대통령 각하'를 밀어내고 '대통령님'이라는 새 호칭어가 거부감 없이 국민들에게 받아들여졌다.

물론 누리꾼들은 유명 정치인들을 나와 나-1처럼 '님' 없이 직위만으로 가리키거나 이름을 호칭어로 편하게 쓰는 일이 훨씬 더 많다. 정치인들에게 높임 가리킴말을 쓰지 않는 용법은 연예인과 마찬가지로 긍정적 거리감이 작용한 결과다. 지지하고 따르며 친근함을 느끼는 정치인에게 격식적인 '님' 등의 호칭어 사용을 생략하는 것이다. 정치인에 대한 누리꾼들의 태도가 '권위 부여'에서 '친근감 드러내기'로 바뀌면서 예전에 흔히 쓰던 'DJ'나 'YS' 같은 영문자 가리킴말은 이제 전혀 쓰이지 않는다.

그런데 정치인들에게 가끔 호칭어 '씨'를 쓰는 누리꾼들도 보인다. 나-1의 '선○○ 씨'나 다의 '박○○ 씨'가 그 보기인데, 이처럼 정치인에게 '씨'를 붙이게 되면 대상 인물에 대한 부정적 거리감이 강하게 드러나게 된다.

현직 대통령에 대한 애칭 호칭어 사용

ㅋㅇㅇㅇ

두루 높임 호칭어를 두루 써요: 사회적 소통망(SNS)의 호칭 문화

우리 이니 중국 꽉 잡고 있는

연예인들 픽하셨네♥

한편, 위의 보기처럼 트위터 누리꾼들은 현직 대통령의 이름 일부를 이용하여 '이니' 또는 '우리 이니'라는 애칭을 만들어 호칭어로 쓴다. 문재인 대통령의 부인에 대해서도 '쑤기', '우리 쑤기'라는 애칭을 쓰고 있다. 대통령과 그 부인에 대해 이렇게 애칭을 쓰는 것은 일찍이 없었던 언어문화로서 대통령에 대한 열성적 지지자들의 존재, 정치인에 대한 국민들의 탈권위주의 태도, 언어 사용을 자유롭게 할 수 있는 인터넷 통신 공간이라는 환경이 함께 어우러져 나온 결과다. 지난 시기 권위주의 정권에서 쓰이던 '대통령 각하'나 '영부인'이라는 호칭과 비교할 때 격세지감의 용법이며, 지금의 일상어에 비해서도 시대를 한참 앞서가는 누리꾼들의 호칭어 사용이라고 하겠다.

2017년 봄에는 대통령 부인에 대한 '김정숙 씨'라는 호칭 사용 문제로 『한겨레』와 트위터 누리꾼들의 상당히 격렬한 대립과 논쟁이 있었다. 결국 신문사에서 사과함으로써 마무리가 되었지만 한국어 호칭어 사용의 문제가 단순하지 않고, 나아가 큰 사회적 문제가 될 수도 있음을 보여준 사건이었다. 당시

누리꾼들은 대통령 부인에 대해 "살림꾼 쑤기가 이니랑 같이 감 따서 곶감 만드심", "아이들 모자는 우리 쑤기가 춥다고 선물 준 거래^^"와 같이 '쑤기', '우리 쑤기'를 애칭으로 쓰면서도 '김정숙 여사님'이나 '여사님'을 주로 썼다. 때로는 '우리 정숙 씨', '유쾌한 정숙 씨'라고도 한다. 이와 달리 현 정부에 적대적인 누리꾼은 그냥 이름만으로 가리키거나 '김정숙 씨'를 쓴다. 그런데 누리꾼들은 지지자 개인이 애칭으로서 '쑤기'나 '정숙 씨'를 쓰는 것과 달리 공적 매체인 신문에서 대통령 부인에게 '씨'를 붙이는 것은 문제가 있다고 보았다. 신문 기사에서 현직 대통령에게 '문재인 씨'나 '문 씨'라고 하지 않는 점과 비교할 때 대통령 부인에 대해 '씨'를 쓰는 것은 결례이고 나쁜 정치적 의도가 있다고 본 것이다. 또한 『한겨레』에서 '대통령 부인 김정숙 씨'라고 했을 때 대통령 지지자들은 그것을 차별의 문제로 보고 더 강하게 반발했다. 이명박 전 대통령 부인이나 일본 총리 부인에게는 '○○○ 여사'를 쓰면서 문재인 대통령 부인에게만 '씨'를 붙인 것으로 오해한 데서 비롯됐다.

트위터 누리꾼의 두루 높임 호칭어 '선생님/샘/쌤' 사용

가.   키스신 몇 번 나오나용 조용히 알려주세요 선생님들

가-1. 오바삼바 귀엽고 멋지고 보고 싶고ㅠㅠㅠㅠㅠㅠㅠ
       ㅠㅠㅠ 선생님 6시 언제 오나요? ㄴㅔ? #NCT #박지성

나.   아, 이거 쎄씨루 쌤 트윗에 대한 얘기로도 보일 수 있겠구
       나. 아니고 제 트친님 얘기도 아님.

나-1. 자칭 학계에 계신 분들 여성운동 진영 파악이 안 되고 계
       심 학계 쌤들이 가장 까는 넷페미 래디컬들이 바로 페미
       니즘 전반에 연대하는 사람들입니다. 쌤들 대부분은 트
       랜스섹스에 대한 비판이 왜 일어나는지도 모르고 있고,
       성폭력과 여성차별에 반대하기 위해 연대하는 여성들을
       가장 배제하고 있어요ㅋ

다.   혹시 패션 쪽에서 일하시는 쌤들??? 저 도와주세요ㅠㅜㅠ
       ㅠㅜㅠ패션 고자에게 희망을…

  사회적 소통망 트위터의 일부 누리꾼들은 위 보기와 같이
'선생님'과 그 줄임말인 '샘', '쌤'을 두루 높임 호칭어로 쓰고
있다. '국어 선생님', '학원 선생님' 등을 '국어쌤', '학원쌤'같이

한 단어처럼 간결하게 줄여 적는다. '샘' 또는 '쌤'은 통신 언어가 나오기 이전부터 경상 방언에서 쓰던 형식이었는데, 인터넷에서 언어 경제성을 고려하여 '선생님'을 '샘' 또는 '쌤'으로 줄여 쓰기 시작하면서 지금은 잘 모르는 누리꾼을 높여 가리키는 호칭어 기능으로 확산되는 모습이다.

'님', '선생님/샘/쌤'을 일상어 두루 높임 호칭어로

인터넷 통신 공간에서는 1990년대 중반 이후 지금까지도 호칭어 '님'이 널리 쓰이고 있다. 나이 차이, 지위 차이, 심리적 거리 등에 관계없이 잘 모르는 다른 누리꾼들을 가리키거나 부르는 호칭어로 '님'을 활발히 써왔고, 이제는 거부할 수 없는 하나의 인터넷 언어문화 규범이 되었다. 이러한 '님'이 통신 공간에만 머물지 않고 병원, 각종 판매점 등 일상어 사용 영역에도 퍼져나가서 두루 높임 호칭어로서의 쓰임이 크게 늘고 있다. 접미사로서의 '님'은 과거부터 일상어에서 아주 높은 빈도로 쓰였지만 의존명사로서의 '님'은 통신 공간에서 비로소 본

격적으로 쓰이기 시작했고, 2인칭 대명사로서의 '님'은 통신 공간에서 새로 시작된 용법이다. 인터넷 통신에서 '님'이 호칭어로 새롭게 태어나서 다시 일상 공간으로 확산되는 과정에 있는 것이다.

인터넷에서 '님'이 호칭어로 처음 쓰일 때는 주로 통신 이름[ID]이나 별명 뒤에 붙여 쓰는 식이었는데, 곧 이름이나 성 뒤에 붙여 쓰는 용법으로 확대되었다. '님'을 처음 쓸 때는 어색한 점도 있었다. 하지만 '님'은 형식이 간결한데다 나이, 지위, 직업에 관계없이 누구든 평등하게 높여 대우하기에 적절한 형식으로 인식되었고, 그 결과 쓰임이 급속히 늘어났다. 물론 인터넷 공간에서도 서로 잘 아는 사이거나 사회적으로 널리 알려진 사람에게는 일상어의 호칭어가 그대로 쓰이지만 모르는 누리꾼들 사이에서는 '님'이 편하고 효과적으로 잘 쓰인다. 인터넷 통신 언어 새말 가운데 가장 성공을 거둔 것이 바로 두루 높임 호칭어 '님'이다.

그런데 누리꾼들이 사회적 소통망에서 처음 말을 거는 상대방에게 "님, 자주 대화 나눠요!"처럼 말할 수는 있어도 일상 공간에서 처음 보는 사람에게 대명사로 그냥 '님'이라고 부르기는 어려워 보인다. 이름을 아는 경우 '○○○ 씨'의 '씨' 대신 '님'

두루 높임 호칭어를 두루 써요: 사회적 소통망(SNS)의 호칭 문화

을 넣어 '○○○ 님 맞으세요?'와 같이 쓰는 것은 개인들 사이에서도 충분히 가능해 보인다. 나이가 좀 든 화자라면 이런 상황에서 '○○○ 선생님 맞으세요?'가 더 자연스러울 것이다.

이런 점을 고려하면, 인터넷 공간에서 널리 쓰이는 호칭어 '님'을 일상어 사용에서도 두루 높임 호칭어로 적극 쓰되, 아직은 어색한 대명사로서의 용법에서는 '님' 대신 '선생님'을 함께 쓰는 것이 어떨까 한다. 조금 친해진 사이에서는 '선생님' 대신 간단히 줄여 '샘'이나 '쌤'이라고 할 수도 있을 것이다. 인터넷에서 나이, 지위 차이를 생각하지 않고 모든 누리꾼들이 평등하게 '님'을 쓰게 된 것처럼 일상어 사용에서도 상대방이 남성이든 여성이든 관계없이 '님'과 '선생님/샘/쌤'을 낯선 성인들 사이의 두루 높임 호칭어로 적극 쓰는 것은 그렇게 어려운 일이 아니다.

처음 보는 사람들에게 친족 호칭어 '아저씨, 아주머니, 할아버지, 할머니, 아버님, 어머님'을 사용함으로써 생길 수 있는 부정적 반응과 심리적 마찰을 줄이기 위해서는 일상어 사용에서도 '님' 또는 '선생님'과 같은 두루 높임 호칭어의 적극적 수용과 확산의 필요성이 높다. 일상어에서 두루 높임 호칭어로 '님'이 널리 쓰이게 되면 신문 기사나 방송에서 이름 뒤에 붙이는 '씨' 대신 '님'을 쓸 수 있을 것이다. 그렇게 되면 신문 기사에서 문제가 되었던 '대통령 부인 ○○○ 씨'라는 표현은 '대통령 부인 ○○○ 님'이 될 것이고, '여사'라는 특별한 호칭어를 쓰지 않고도 그것은 대통령 부인에 대한 존중을 표현하는 자연스러운 용법으로 인정받을 수 있을 것이다.

다행스럽게도 최근 한국 사회에서 호칭어 '선생님'은 일상어 사용에서 쓰임이 크게 늘었고, 이전에 두루 높임 호칭어로 잘 쓰이던 '사장님' 자리를 대신 차지하고 있는 상황이다. 경찰서, 주민센터와 같은 관공서에서는 민원인을 '선생님'으로 부른 지 이미 오래되었고 식당, 판매점 등에서도 점차 그 쓰임이 증가하고 있다. 얼마 전 안경을 바꾸기 위해 찾은 안경점에서도 종업원이 "선생님, 이쪽으로 오세요"와 같이 '선생님'을 썼다. 여러 사람 가운데서 찾을 때는 '이정복 님'을 먼저 쓰고, 개별적으로 부를 때에는 '선생님'을 쓰는 방식이었다. 1990년대였으면 "사장님, 이쪽으로 오세요"라고 했을 것인데 일상어 사용에서도 호칭어 사용이 많이 바뀌었음을 보여준다. 이처럼 '님'과 함께 두루 높임 호칭어로 '선생님'의 쓰임이 '사장님'을 밀어내고 크게 늘어난 것은 한국어 호칭 변화와 언어문화 면에서 상당히 의미 있는 일로 판단된다. 돈이 최고의 가치로 여겨지는 자본주의사회에서 배움과 삶의 경험에 높은 가치를 두는 호칭어 '선생님'이 확산된다는 것은 한국어 화자들의 의식과 교양 수준을 한 차원 높이는 데 큰 도움이 되리라는 생각이다.

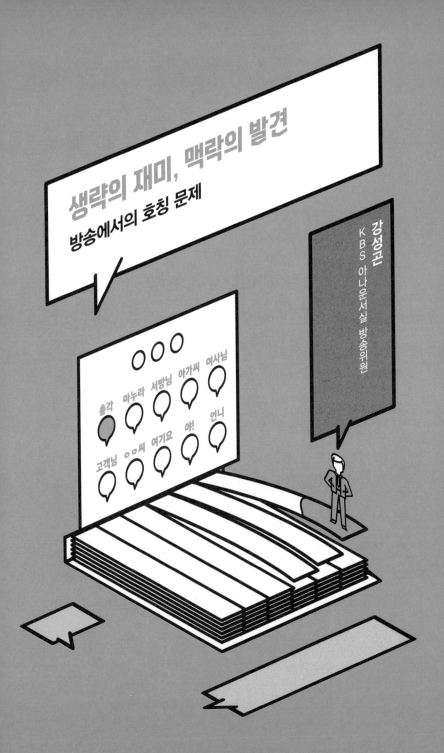

방송언어의 영향력이 막강하다는 사실엔 여전히 변함이 없다. 다매체 다채널 시대라고는 하나 국민의 실제 언어생활을 좌우하는 지배력은 여전히 방송에 큰 지분이 있다. 그런데 그에 대한 책임은 마땅히 지고 있을까. 전파를 타고 퍼져가는 방송 프로그램, 그 위에 부유하는 언어라는 홀씨와 묘목을 올곧고 바람직하게 식재(植栽)하고자 하는 신념을 방송계가 과연 갖고 있기는 한지 여전히 의심스럽다. 방송은 언어문화 창달에 기여하기도 하지만 불행히 그 반대일 수도 있다. "잘못된 우리말의 물류 창고는 바로 방송이다"라는 역명제에 우리 미디어 생태계가 "아니요" 하기는 힘들 것이다.

'호칭'의 문제는 카테고리상 언어 예절에 속하며 더 넓히면 표준화법의 테두리 안에 있다. 여기서 '표준'이라 함은 절대적

구속력이 아니라 이상적이고 실효적인 화법을 찾는 교집합 정도로 보면 무리가 없을 것이다. 다시 말해 어떻게 해야 근사하고 세련된 화법을 구사한다고 볼 수 있나, 무엇이 진정한 실체이고 왜 그런가에 대한 논의와 해답 찾기다. 여기엔 신어(新語)를 조준하는 심미안과 나름의 비전도 포함된다. 현대 기능 국어는 '정확성'보다 '적절성'의 가치를 추구해야 전향적(前向的)일 것이다. 중심과 기본을 잡되, 문화와 정서, 시대상에 맞게 변화해야 마땅하며 역시나 혁신과 창의성을 지향해야 한다. 솔선수범은 방송 미디어의 책무다. 여기서는 보도와 드라마, 그리고 교양 및 예능으로 나누어 호칭을 중심으로 실태와 문제점, 대안 등을 살펴보고자 한다.

뉴스 등 보도 프로그램에서의 호칭

우선 앵커(맨)를 다루어야겠다. 1960~1970년대 종합뉴스 시대를 연 월터 크롱카이트를 필두로 1980~2000년대 초반까지 미국 CBS의 댄 래더, NBC의 톰 브로코, ABC의 피터 제닝

스가 이른바 3대 앵커맨으로 불리며 성가(聲價)를 올렸다. 그러나 이제는 카리스마 위주의 앵커맨 시대가 아니라 뉴스 아이템의 신속성과 품질로 승부하는 시대다. '뉴스앵커'는 미국에서도 이제 지칭으로만 간혹 쓰일뿐더러 그 의미에 걸맞은 인물은 CNN의 앤더슨 쿠퍼 정도다. 영국은 프리젠터Presenter(진행자)를 주로 쓰며, '앵커'는 아주 예외적으로 사용한다. 독일은 나흐리히텐 모데라토어Nachrichten-Moderator(뉴스진행자)가 일반적이다. 프랑스 역시 '진행자'란 의미의 프레상타퇴르Présentateur(여성형은 프레상타트리스Presentatrice), 혹은 주르날리스트Journaliste를 사용한다. 일본의 경우도 앵커 대신 캐스터Caster(게스타キャスタ)가 주류고, 중국은 보다 자주적으로 주지인主持人(주츠렌ZhuChiRen)이라고 부르는데 '지속적으로 주되게 (뉴스를) 이끄는 사람'이란 의미다. 요컨대 '앵커'는 글로벌 스탠더드가 더 이상 아니며 더구나 호칭의 쓰임은 아예 없다고 봐도 무방하다. '앵커'라는 이름에 대한 부질없는 애정을 부여잡고 여기저기 라벨링Labeling을 남발하는 우물 안 개구리가 있으니 놀랍게도 한국의 방송사들이다. 상대적으로 굵직한 이슈나 이벤트가 있으면, 우리의 방송사 메인뉴스는 해당 포스트에 아침 뉴스, 낮 뉴스, 심야 뉴스 담당 진행자를 배치해놓고는 소위 '앵커'의 난장을 펼치곤 한다.

"광화문 광장에 나가 있는 김영호 앵커를 불러봅니다. 김영호 앵커!"

"예, 김영호입니다(자막 '김영호 앵커')."

"이번엔 인천공항, 이지연 앵커를 연결합니다. 이지연 앵커!"

"예, 이지연입니다(자막 '이지연 앵커')."

"공항이 꽤 붐비네요. 이 앵커, 상황 전해주시죠."

낙후된 무신경의 클리셰Cliché와 군더더기·남용의 키치Kitsch가 이보다 흉하게 엉겨 붙기도 어렵다. 앵커 자리에 기자나 특파원을 넣어도 마찬가지다. 일부 종편에선 출연 기자를 아무개 정치부 부장, 아무개 경제부 차장이라며 사내 직위를 자막과 호칭으로 마구 쓰고 부른다(참고로 독일 방송에서는 테러·범죄 전문, 의료·보건 전문, 법률·윤리 전문 등 전문기자 출연 시에만 이해를 돕기 위해 한정적으로 쓴다). 뉴스케이블 방송에선 날씨나 휴일 스케치 등에 20대 신참 리포터를 현장에 세워놓고 아무개 캐스터로 호기롭게 부르고는 자막엔 '뉴스캐스터'라고 버젓이 적어놓기도 한다. 우리 사회의 직함·직책·보직 추종 아비투스Habitus가 적나라하게 발현되는 모습을 TV라는 강력한 매체를 통해 무시로 접하는 현실이다. 이는 그 배면에 위계·서열·권위주의의 그림자가 길고도 음습하게 자리하고 있음을 어렵지 않게 추측하게 하며, 호칭이 소거되면 왠지 어색하고 불완전해 보이는 불안 심리와도 맥을 같이한다 할 것이다. 대안은 무엇일까? 바로 비우고 덜어냄의 알고리즘이다.

"워싱턴의 울프 뮐러 연결합니다. 울프, 이번 사건, IS와 연관이 있나요?"

생략의 재미, 맥락의 발견: 방송에서의 호칭 문제

"카탈루냐주 청사 앞에 제 동료 크리스텔이 나가 있습니다. 다시 시위가 불붙은 것 같네요? (자막 '크리스텔 하스')"

독일 공영방송 ZDF의 메인뉴스(ZDF-호이테^{HEUTE} '오늘')에서 쉽게 볼 수 있는 광경이다. 앵커나 기자를 호칭으로 사용하는 경우는 아예 없다. 어지간한 경우는 이름만 부르며, 간혹 베테랑급 시니어가 현장에 있을 때는 성과 이름을 함께 불러준다. 조사한 바로는 미국·영국·프랑스도 마찬가지다. 일본과 중국은 우리처럼 호칭으로 '기자'를 여전히 사용한다.

"경제·금융을 담당하는 박상민, 나와 있습니다. 상민(씨)?"
"다음은 평창 알펜시아 연결합니다. 예진! 선수단이 얼마나 왔나요? (자막 '최예진')"
"명동 중계차의 동료를 불러볼까요? 희선, 중국 관광객들이 많이 보이네요(자막 '민희선')."

깔끔하고 산뜻하지 않은가? 더불어 불러틴 뉴스$^{Bulletin News}$(단신 뉴스, 스트레이트 뉴스)도 변하기를 기대한다.

"정민준이 보도합니다."

"강수형의 보돕니다."

"보도에 윤기주입니다."

"한지혜가 취재했습니다."

"취재에 임서진입니다."

"조연아가 전합니다."

"신종혁입니다."

세련되고 겸허하며 글로벌적이다. 쾨쾨한 '인정 욕망'을 걷
어치우고 담박하게 뉴스에 임하면 시청자도 환영하리라 믿는
다. 곁들여 그 비장감 그득한 장엄서곡 풍의 시그널도 좀 소박
해졌으면 좋겠다. 메인뉴스(종합뉴스)라고 해서 꼭 '참을 수 없
는 존재의 무거움'을 그토록 웅변해야만 하는 것인가? 익숙한
것과의 결별 없이 진화와 발전은 없다.

차제에 호칭과 지칭에 있어 가장 우스꽝스럽고 기만적이며
궁극의 구태의연을 보여주는 집단을 지적한다면 국회다.

"다음은 존경하는 ○○당 아무개 의원님 질의하시겠습니다."

생략의 재미, 맥락의 발견: 방송에서의 호칭 문제

"예. ○○당 아무개 의원입니다. 본 의원은 질의에 앞서…."

체화된 거짓에다 되지 못한 엄숙주의, 얼토당토않은 특권의식으로 점철된 부조리 소극(笑劇)이 언필칭 '민의(民意)의 전당'에서 펼쳐지고 있는 이 질곡과 비참이 왜 우리 국민들의 몫이어야만 하는지 안타까울 따름이다.

"다음은 ○○당 아무개 선배님, 질의해주시죠." 또는 "이번엔 제동료 아무개님 순서(차례)입니다. 질의하시죠"라고 하고, "예. ○○당 아무개입니다" 정도로 바루면 어느 정도 대안일 듯싶다.

성 없이 이름만 부르거나 적는 것을 열없어하는 조건과 상황이 많이 개선되었다. 발랄하고 신선한 시도도 여럿 있었고 반응은 대체로 호의적이다. 2006년 남아공월드컵 대표팀은 영국, 독일, 프랑스도 못한 일을 해냈다. 유니폼 등번호 위의 이름들을 기억하는가? 놀랍게도 성을 날린 채, 지성Ji Seong(박지성), 남일Nam Il(김남일), 두리Du Ri(차두리)로 단출했던 것이다. 모름지기 창의와 혁신은 이렇게 프로타고니스트적 용기와 이웃한다. 비근하게는 아베(安倍)를 왕왕 신조(晉三)라 부른다는 '친밀한 트럼프'에게 뭔가 박탈감이 일다가 '재인, 걱정하지 말게나' 했다는 대목에서 일말의 안도를 했던 경험, 분명 퍼스트네임 부르기에 짐짓 적응하고 있다는 신호 아니던가. 더 확실한 게 있다. '이니(←寅이) 시계'의 유쾌한 폭발력은 예전 같으면 상상할 수도 없는 일 아니겠는가. 그 작명(作名)의 발상부터 발칙(?)하기 이를 데 없는데다 무엄하디 무엄한 청맹과니 취급을 받아야 마땅했을 터다. 스칸디나비아·노르딕 스타일이 각광받는 작금의 다양한 예를 차치하더라도 단순, 간결의 미덕은 거스를 수 없는 추세다. 글로벌 스탠더드에도 이게 맞다.

드라마에서
사용하는 호칭

방송사에서 드라마의 위상은 그 어느 때보다 높다. 드라마의 성패가 방송사 재정에 큰 영향을 줄 정도로 막강한 위치를 점하는 시대다. 2010년경부터 지상파는 경영·행정 쪽의 우수 인력을 이른바 BM(비즈니스 매니저)으로 따로 배치해 투자·예산·마케팅 역량을 강화할 정도다. 드라마는 주지하다시피 사회의 시대상과 생활상을 반영한다. 우리 사회의 거의 모든 영역이 드라마 품속에 있다고 해도 과언이 아니다. 글로벌 시대에 K-팝과 더불어 드라마 한류는 그래서 더욱 큰 의미를 지닌다. 호칭을 비롯한 드라마 속 언어와 관련해 짚어볼 몇 가지와 대안을 궁리해본다.

2011년 국립국어원은 《표준 언어 예절》을 발간했다. 여길 보면 가정에서의 호칭·지칭, 사회에서의 호칭·지칭, 경어법, 일상생활의 인사말, 특별한 때의 인사말 등이 총망라되어 있다. 그렇다면 드라마 속 등장인물들의 상호관계 속 호칭·지칭은 이를 기준 삼아 따르면 될 것인가? 아마도 아닐 것이다. 드라마 작가가 극적 구성과 함께 적극적으로 추구하는 바가 필시 사실성^{Reality}일 텐데, 어떤 규범에 종속된다는 건 현실적이지도 바람직하지도 않다. 규범의 큰 틀 안에 있고 사실성과도 충돌하지 않으면서 명분도 살릴 수 있는 대안은 무엇일까. 솔루션은 합리적 참신성의 포용과 글로벌 스탠더드와의 부합에 있지 않을까 한다. 몇 가지만 추린다.

우선 '샘(쌤)'이다. 학교 현장에서 학생들이 교사를 거개가 다 이렇게 부른다. 이건 규범의 실재(實在) '선생님'이 추월할 수 없을 만큼 압도적이다. 비공식적인 상황에서 사용하는 준말이

라고 국립국어원도 용인하고 있고 포털 오픈사전에도 자리한다. 심지어 교사들끼리도 서로 '김샘(쌤)', '이샘(쌤)', '박샘(쌤)'으로 부르는 바에야 존재감을 인정할 수밖에 없으며, 따라서 학교 장면에선 불가피하다고 본다. 곁들여 축약의 방식이 그리 되바라지지 않고 깜찍한데다 이런 단어 축약은 어느 언어에나 있다고 보기에 크게 탓할 수가 없다. 같은 맥락에서 판사를 '-판', 변호사를 '-변', 본부장을 '-본' 하는 것도 현실성을 고려, 드라마 속 인물에게 용인하는 것이 설득적일 것이다. 그러나 인용(認容)의 미덕이 항상 옳은 것만은 아닐 테다. '고객님'은 각종 서비스 업태에서 언제부턴가 많이 통용되는 호칭이지만, 여기엔 엔화(¥貨) 냄새가 너무 짙게 난다. 일본어로 고객, 즉 고캬쿠^{こきゃく}는 호칭으로 쓸 때는 오캬쿠사마^{お客様(おきゃくさま)}라 하는데 말 그대로 '고객님'이다. 사마^{さま}는 우리말 '님'에 해당한다. 한데 일본어에서는 사장·회장 직함 따위에는 사마를 붙이지 않는다. 곧 접사 '님'의 용법이 우리말과 정확히 대척점에 있다. 우리 접사 '님'은 대개 직위나 신분 등을 나타내는 명사 뒤, 그러니까 사장님, 총장님 등이 어울린다. 혹은 별님, 달님처럼 대상을 인격화할 때 쓰이며 성인(聖人)이나 신격화한 인물, 예컨대 예수님, 부처님, 공자님 등이 걸맞다. '고객님'은 따라서 한국어 어문체계를 거슬러 일본 어법을 고스란히 승계하는 지점에 자리한다. 승객님, 방청객님이 어색하듯 이물감이 여전하고 여러 모로 불편·불쾌한 단어다. '손님'이 타당하고, 상대를 더 의식한다면 차라리 '선생님'이 나을 듯 싶다. '손님' 입장에서는 나이 어린 종업원을 향한 호칭으로 '젊은이'가 어떨까 싶다. 양성 중립적인 데다 범용의 편리함, 상대적으로 부드러운 예의가 느껴진다. 식당이나 카페가 문제다. 주인과 종업원을 대상으로 '사장님, 아저씨, 삼촌/사장님, 아줌마, 아주머니, 이모, 고모, 언니' 등이 일상에서 많이 쓰인다[중국은 통상 종업원에게 '푸우위엔!' 하고 외치는 스타일이라면 일본은 '스미마셍すみません(미안합니다/죄송합니다)', 혹은 '아노あの(저…)'가 일반적이다].

드라마가 글로벌을 의식한다면 조금 정리해볼 필요가 있을 듯하다. 선진국의 예를 뭉뚱그리면, 주인이나 종업원을 부를 때 언어적 뉘앙스가 조금 있겠으나 '익스큐즈 미Excuse me'라는 의미를 담는 것이 보편적이다. 독일을 예로 들면 보통은 '할로Hallo'라고 하지만, 교양인은 엔트슐디궁Entschuldigung을 쓴다. '(당신을 부르는 것을) 용서해달라'는 뜻이다. 과거 독일어 회화 책에서는 레스토랑의 종업원을 부를 때, '헤어 오버Herr Ober(-Kellner)'라고 한다고 되어 있었다. 우리로 따지면 '웨이터!'다. 선진국의 레스토랑이나 카페의 종업원들은 대개 서비스하는 구역이 정해져 있다. A종업원은 1~4번 테이블, B종업원은 5~8번 테이블, 이런 식이다. 한국인은 저 멀리 있는 종업원을 촉급히 부르고 성에 안 차면 짜증내거나 푸념하기 일쑤다. 종업원은 반대로 한국인은 무례하다고 여길 것이다. '할로(영어의 '헬로')'는 한국어의 '여기요'에 해당될 테지만 이젠 우리도 전향적으로 이 땅의 식당, 카페에서 '실례합니다'를 쓰면 어떨까. 주인이나 종업원은 뭔가 대접받는 느낌에다 그이들을 부르는 주체는 교양인의 품격을 얻게 되며, 더구나 글로벌 스탠더드에도 맞다. 김은숙, 노희경, 김은희 등 극강(極强)의 드라마 작가들이 선도(先導)하면 큰 파문을 그릴 것이다. 상대에게 꼭 들어맞는 호칭을 힘들여 찾기보다 맥락에 맞는 상황어(狀況語)를 발굴하는 노력이 여러 모로 윗길이라는 생각이다. 제안 차원으로 보탠다면, 직장에서의 사무 공간 구성원을 중심으로 서로를 부를 때, 성 없이 이름에 접사 '이' 붙이기를 고려할 만하다. 한국인의 이름 끝 글자의 받침은 순우리말 이름 '김별빛, 이꽃잎' 등속을 제외하곤 거의 다 'ㄱ, ㄴ, ㄹ, ㅁ, ㅂ, ㅇ'으로 이루어져 있다. 그러니까 '이'를 붙이면 '기, 니, 리, 미, 비, 이'로 끝나게 된다. 결과는 '혀기←혁이, 우기←욱이, 미니←민이, 지니←진

생략의 재미, 맥락의 발견: 방송에서의 호칭 문제

이, 여리←열이, 유리←율이, 버미←범이, 라미←람이, 서비←섭이, 여비←엽이, 경이←경, 정이←정' 등 신선하고 다양한 픽셀Pixel이 가능해진다. 더구나 우리에겐 끝 글자에 받침이 있는 이름은 특히 입말에서 접사 '이'를 각종 격조사에 붙여 활용하는 습속(習俗)이 오롯하다. 넓은 틀로 볼 때, 이는 유포니Euphony(활음조滑音調)의 울타리 안에 있으며 그래야 오달진 맛이 난다.

"춘향이가 울며 말하기를,"　　　　"이때 심청이가 돌아서더니,"

"아름이가 걸음마를 했대."　　　　"성길이한테 빨리 가보렴."
"그건 혜선이네 췄어."　　　　"상엽이를 먼저 도와야 할걸."

받침이 없다면, '기, 니, 디, 리, 미, 시, 이, 지, 치, 키, 티, 피, 히'를 활용하여 취향대로 더 많은 변환을 줄 수도 있을 것이다. 호→호니, 태→태리, 미→미미, 라→라치, 아→아티, 지→지디, 유→유키, 혜→혜피 등등. 일견 생경하고 겸연쩍을 수 있으나 사실 이름 끝에 'i[i]'를 붙이는 것은 친근과 애정의 방식으로 진즉에 글로벌적인 것이다. 영어의 퍼스트네임 마이클→미키, 제임스→지미, 윌리엄→빌리, 엘리자베스→베티, 제시카→제시, 어맨다→맨디 등은 비근한 예다. 이 점에서 『한겨레』는 독보적이다. 'www.hani.co.kr'! 일찌감치 축약의 묘미, 친화적 가치, 재미의 효용을 알아챈 탁월한 안목의 소유자가 근엄한 Hangyeore를 유보한 『한겨레』의 웹 주소를 탄생시켰다. '이' 붙이기의 효시 격으로 '세상 끝까지 힘차게 달리는 하니'의 밝고 진보적인 이미지까지 잡아냈다. 누군지 모르지만 두고두고 상찬해야 마땅하다. 중앙 언론사로는 유일하며 독자들의 반응도 환영 일색이다. 독일도 마찬가지다. 앙겔라 메르켈 총리는 안지Angie로, 대연정 4기 내각(2018년 3월 12일 출범)의 여성 국방장관에 연임된 우르줄라 폰데어 라이엔Ursula von der Leihen은 우시Uschi로 줄인다. 기민당CDU 사무총장에 새로 발탁된 아네그레트 크람프-카렌바우어Annegret Kramp-Karrenbauer는 유력한 메르켈 후계자로 꼽히는데, 독일에서 주 단위로는 가장 작은 자를란트주 주 장관직을 박차고 당직에 합류했다. '미니 메르켈'로 불리는 이 여성은 애칭은 물론 아니Anni지만 'AKK(아카카)'란 약칭이 더 유명하다. 너무 긴 이름을 향한 확실한 반전 아닌가. 2018 러시아월드컵 조별 리그 탈락에도 2022년 카타르월드컵까지 계약 연장에 성공한 독

생략의 재미, 맥락의 발견: 방송에서의 호칭 문제

일 축구 대표팀 감독인 명장 요아힘 뢰브^{Joachim Löw}는 요기^{Jogi}로 요아힘이 탈각한다. 심지어 독일은 성에도 이런 원칙을 적용시킨다. 분데스리가 스타플레이어 출신인 전 대표팀 감독 위르겐 클린즈만^{Jürgen Klinsmann}의 애칭은 클린지^{Klinsi}고, 얼마 전 은퇴한 폴란드계 공격수 루카스 포돌스키^{Lukas Podolski}는 '프린츠 폴디^{Prinz Poldi}(폴디 왕자)'라 불리며 팬들의 사랑을 듬뿍 받았다.

조금 거슬러 올라가 '님'에 대한 생각을 보탠다. 몇몇 기업은 창의적 분위기와 소통을 위해 '호칭 파괴' 차원에서 '님'을 도입해 쓰고 있다고 한다. 그러나 '님'을 도입했다가 포기한 기업들도 상당수 있는데, 이유는 동기부여 저하, 평가·보상 시스템의 혼란, 소통의 역설적 어려움 등으로 요약된다. 그러나 '님' 도입의 실패 사례는 다른 측면에서 예정돼 있었다고 볼 수 있다. 이름 다음에 '님', 혹은 성을 포함하는 이름 다음에 '님'을 붙이는 것은 축약의 묘는 전혀 살리지 못하고 부담만 늘리는 것이다. 성+이름에 '님'을 보태면 대개 4음절로 늘어지는데다 '님' 앞에서 벌어지는 각종 음운첨가, 음운동화 현상을 예상치 못한 결과다. 그건 의식하건 못하건 엄청난 짐이다. 성을 빼도 문제는 남는다. 보통 사람은 자기 이름이 불리는 환경을 별로

좋아하지 않는다. 병원이나 법정을 생각해보라. 더구나 요즘처럼 건조하고 각박한 사무 환경 일반에서 이름을 일일이 기억하고 다시 '님'을 붙이는 수고는 다분히 '억지춘향' 격이 아니고 무엇인가. 그러니 그저 '부장님, 실장님, 국장님'이 차라리 낫다고 유턴하고 마는 것 아니겠는가. 곧 문자언어적 사고에 갇혀 정작 그것을 활용하는 시뮬레이션 환경, 즉 음성언어에 대한 고려가 미흡했던 탓으로 귀결된다. '호칭 파괴'를 진정으로 원했다면, '님'의 의존명사 틀을 과감히 걷어차고 아예 '님'을 인칭대명사로 썼어야 한다. 누구나 모두가 '님'이 되는 세상, 새뜻하지 않은가? 그럴 게 아니면 필자의 깜찍 발랄한 시도, '이/기, 니, 디, 리, 미, 시, 이, 지, 치, 키, 티, 피, 히 붙이기'를 눈여겨보든가.

기대를 갖고 추측건대, IT, 스타트업 등 자유롭고 창의적인 기업 환경이라면 이렇게 애칭 만들기를 활성화해 호칭화하는 시도가 최적화일 수 있다. 그리고 한류 드라마가 이런 달라진 모습을 담아줄 때, 그 확산과 파급은 명약관화할 거라 믿는다.

대인관계의 상대성을 일일이 따져 고정적 호칭을 찾기보다는 새로운 호칭을 위한 기제(機制)를 개발하는 게 훨씬 더 의미 있지 않을까.

예능 및 교양 프로그램에서의
호칭

예능과 오락을 구분할 필요가 있다. 예능은 재주와 기능의 영역이며 연극, 영화, 음악, 미술 따위의 예술과 관련된 능력을 통틀어 이르는 말이다. 따라서 이 분야를 제외한 방송 프로그램은 어디까지나 오락 프로그램이다. 오락은 '쉬는 시간에 여러 가지 방법으로 기분을 즐겁게 하는 일'이란 의미다. 둘을 가르는 방편으로 독일어식 솔루션이 쓸모 있다. 독일어 운터할퉁Unterhaltung(오락)은 반드시 대화와 환담을 전제한다. 그러니까 공연, 퍼포먼스 위주는 예능 프로그램, 토크와 재담 따위의 구성은 오락 프로그램으로 바루어야 설득적이다. 오락 프로그램에서의 호칭은 무엇이 문제인가.

언제부턴가 연예인들이 우르르 나와서는 '아무개가 아무개보다 형, 그러니까 네가 동생', '이제 보니 누나네', '앞으로 오빠라고 불러', '언니였어요, 그럼?' 하며 서로 키득대다 짐짓 공대(恭待)를 하기도 하는 장면을 목격하게 되었다. 꽤나 잔망스럽고 보기 불편하다. 불과 두서너 살, 아니면 대여섯 살 차이를 갖고 서열화, 위계화하는 모양새는 적이 퇴행적이다. 나이가 좀 위랍시고 상대에게 '야, 너'라고 반말을 하고, 반대면 이내 '형님, 누나, 오빠, 언니' 하는 모양새가 오히려 비례(非禮) 아닐까. 웬만한 나이 차이에서는 서로 높임법을 쓰고 적당한 거리를 두다가 어느 정도 가까워지면 예사말을 쓰던 전 세대의 모습이 차라리 낫다. 3~4세 안팎은 서로 '아무개 씨'라고 하는, 적당히 낙낙하고 느슨한 관계가 서로 편하며 글로벌하다.

마침 '오빠'가 나왔으니 톺아보자. 오빠는 이제 '손위 남자 형제를 부르는 친족어'로서의 기능보다 연인이나 젊은 부부 사이에서 여성이 남성을 부르는 호칭으로 더 친숙하다. 명절 때 '오빠'를 부르면 친오빠와 남편이 동시에 돌아본다는 아내들의 경험담이 익숙할 지경이다. '오파(빠)$^{op(p)a}$'는 놀랍게도 글로벌적(?)이다. 독일어, 네덜란드어, 인도네시아어에서는 '할아버지'의 애칭, 혹은 '노인'을 뜻하고 스페인어로는 '바보, 멍청이', 또는 '안녕'이라는 인사말로 쓰인다. 우즈베크어는 '누이', '형'을 아우른다. 그리고 베트남어는 희한하게도 우리처럼 그대로 '오빠'의 의미다. K-팝 팬들의 '오빠 아우성'은 그래서 자연스러운지도 모른다. 문제는 '아저씨'들의 치졸한 새치기다. "아저씨가 뭐야. 그냥 오빠라고 불러, 오빠 믿지?" '자칭'으로 얼토당토않게 무장해제시키고 '호칭'으로 애걸복걸하는 이 악무한(惡無限)은 보기 역겨울 지경이 되었다. 연인을 부르는 사랑스러운 '오빠'와 너무 먼 대척점에 자리하는 이 '오빠'를 그냥 두고만 볼 것인가. '오빠'는 어느덧 '젠더gender 위계'를 가장 교묘하고 악랄하게 활용한 정점의 오용 사례로 자리한다. '그 사람 자신'을 뜻하는 '자기(自己)(야)'가 이제 와 생각하니 상대를 직접 부르지 않고 은근히 소환하는 '근사한 완곡어법' 어름이었다. '자기'를 과감히 리바이벌하고 오빠는 친족에게만, 그리고 느끼한 부류들은 그러거나 말거나 버려두는 게 어떨까 싶다. K-팝 팬의 '오빠'는 물론 그 자체로 아성(牙城)이 되었으니 건드릴 수 없을 것이다.

다음은 암묵지(暗默知)로 취급되는 압존법(壓尊法)을 짚어보고 싶다. 압존법이란 '텍스트의 주체가 화자보다는 높지만 청자보다는 낮아 그 주체를 높이지 못하는 어법'을 일컫는다.

    가. 이 대리: "김 부장님, 박 과장이 몸살이 걸려 늦게 출근하
                   겠다고 연락 왔습니다."
    나. 이 대리: "김 부장님, 박 과장님이 몸살이 걸리셔서 늦게
                   출근하시겠다고 연락 왔습니다."

가는 압존법을 적용한 경우고, 나는 아니다. '이 대리'가 압존법을 십분 이해해 가라고 발화해도 '김 부장' 입장에서는 되레 무례하다고 해석할 수 있기에 나가 차라리 안전하다는 게 일상적이다. 무리가 아니며 틀리지 않다. 그러나 방송 프로그램은 그래서는 안 된다는 생각이다. 다수의 진행자, 출연자들이 나이가 많거나 지위가 높은 사람들을 언급하며 형님, 누님에서부터 대표님, 사장님, 회장님 하며 극존칭을 쏟아낼 때 시청자는 당혹스럽다. 방송 프로그램은 어디까지나 시청자 위주로 제작되어야 하며 시청자가 주인이다. 연예인들 특유의 라포rapport(친근관계)를 앞세워 얼토당토않은 극존칭을 쓴다거나, 역으로 아무렇지도 않게 반말을 쓰는 건 방송인의 기본 자세가 아니다. 가령 40~50대 연예인이 출연하거나 그이에 관한 이야기를 한다면, 20~30대 MC와 패널들이 그이를 향해 '대선배님', '선생님' 운운하는 건 맞지 않다. 자기들끼리는 격을 맞추었다고 할지 모르나, 이 경우 시청자는 객, 구경꾼이 되고 만다. 시청자를 의식하지 않은 셈이 되는 것이다. 마찬가지로 아무리 나이가 어리고 신인급이라고 해도 함부로 하대하는 것도 생각 없기는 마찬가지다. 전자(前者)의 경우 그래도 '선생님'이 불편하지 않으려면 연예인 범주에서는 예컨대 송해, 이순재,

김혜자, 패티김 정도로 자기 분야에서 일가를 이루고 도덕적으로 큰 흠결이 없는 인물이어야 할 것이다.

교양 프로그램에 대해서는 두세 가지만 짧게 다루련다. 우선 '우리 친구(들)'다. 이 괴이하고 수상쩍은 호칭은 방송이 만들어낸 것이다. 어린이와 청소년은 TV프로그램에만 나가면 자신들을 향한 진행자의 이 부름에 당황하기 일쑤다. 상대가 여럿이면 '우리 친구들', 혼자면 '우리 친구'. 이렇게 물색없고 조악한 호칭도 드물 것이다.

"우리 친구들 이쪽으로 다 모여보세요."

"우리 친구는 어느 학교에 다니는 누구예요?"

"우리 친구들 한 주일 동안 잘 지냈나요?"

"우리 친구는 방송국에 오니까 기분이 어떤가요?"

여러 정황상, 혐의는 할리우드 영화에 있지 않나 싶다. 그들은 어린아이들과 통성명 후 대뜸 퍼스트네임으로 부르라 하고, 친구로 지내자고 하는 게 예사다. 일견 멋지다. 그런데 관계가 친구 사이일 뿐, 정작 '친구^{Friend}'라고 부르진 않는다. 애먼 우리가 이걸 이상하게 받아들인 것이다. 대안은 안 쓰거나,

이름을 직접 부르거나, 정 호칭을 쓰고 싶다면 '학생'이 무난하다. '꼬마'도 문제다. '꼬마'가 왜, 할지 모르겠으나 '꼬마'에는 '키가 작은 사람을 놀림조로 이르는 말'이란 뜻이 숨어 있다. 사전적 의미를 떠나, 그 말을 주로 누가 쓰는지 톺아보면 답이 나온다. 깡패나 불량배들은 너나없이 "꼬마야, 여기 마트가 어디 있냐?"라고 한다. 교양인은 대개 '애야, 애들아'를 쓰는 것이 정석이다. 그냥 귀여운 나머지 엉겁결에 나오는 '꼬마'라는 호칭은 아이의 입장을 고려하지 않은 것이다. '꼬마'는 저 춥고 배고팠던 시절 '애녀석'과도 친연(親緣)이 남아 있어 더욱 불편하다. 지칭으로 주로 쓰이지만 "요 개구쟁이들!"처럼 호칭 사용에도 나타나는 '개구쟁이'도 왕왕 틀리게 쓰인다. "엄마 아빠와 함께 고궁을 찾은 개구쟁이들도 휴일을 맘껏 즐겼습니다." 휴일 스케치 기사로 이런 리포트가 대종(大宗)인데 영상을 보면 아이들은 얌전히 놀고 있다! 개구쟁이는 개구진 짓을 해야 개구쟁이다. 짓궂은 장난을 심하게 해야 하는 것이다. 남자 어린이, 혹은 어린이 일반을 뭉뚱그리는 호칭으로 '개구쟁이'는 오류다. 어린이는 어른의 물리적 과거가 아니다. 대개 좀 작을 뿐, 본연의 오롯한 인격체다. 함부로 다루지 말아야 할 것이다.

우리 시대 호칭 담론은 민주적, 수평적 의사소통을 위한 혁

생략의 재미, 맥락의 발견: 방송에서의 호칭 문제

신적, 창의적 호칭의 발굴, 개발로 귀착된다. 과연 어느 지점이 합리적이고 타당한 것이냐는 조준점 찾기라고 본다. 필자의 주장은 앞에서 압축, 제시됐다.

"상대에게 꼭 들어맞는 호칭을 힘들여 찾기보다 맥락에 맞는 상황어를 발굴하는 것이 가치가 있다."
"대인관계의 상대성을 일일이 따져 고정적 호칭을 찾기보다는 새로운 호칭을 위한 기제를 개발하는 게 훨씬 더 의미 있다."

바야흐로 4차산업혁명 시대다. 인공지능, 빅데이터, 클라우드, 사물인터넷IoT, 가상현실VR, 증강현실AR, 자율주행차 등이 연일 미디어를 장식하며 다가올 미래 세계를 예언하고 준비에 박차를 가해야 한다고 다그친다. 여기서 호칭 운운하면 자칫 한가한 고담준론(高談峻論)처럼 비쳐질 수도 있을 테다. 그러나 웬걸, 중요하다. 머지않아 맞닥뜨릴 '인간로봇', 아니 '로봇인간'을 뭐라 부를 것인가. '완전하고 검증 가능하며 돌이킬 수 없는(?)' 호칭이나 맥락에 맞는 상황어가 동반돼야 존재의 명분과 당위가 자리할 것 아니겠는가.

미래 사회는 '초연결사회Hyper-Connected Society'의 특징을 띨 것이라 한다. '연결'을 위해서는 '협력'과 '연대'가 밑받침돼야 함은 물론이다. 그것도 익숙한 것과의 물리적 결합이 아닌 이종(異種) 간의 화학적 결정(結晶)이 절실하다. 바로 잡종(雜種)과 혼성(混成)의 힘, 하이브리드^{Hybrid}다!

그런데 우리 방송과 신문은 툭하면 대립하고, 지상파는 종편, 케이블과 각을 세운다. 종편이 곧잘 하면 지상파는 경계 모드로 변하고 미욱하면 안주, 방관한다. 메이저 방송사는 케이블과도 프로그램 재송신, 송신요금 문제 등으로 엉켜 서로 앙앙불락(怏怏不樂)할 때가 많다. 스티브 잡스의 페르소나, 아이폰의 미덕은 연결과 통합에 있다. 우리 미디어 생태계가 이 시대에 탑재해야 할 가치도 바로 여기에 있지 않을까. 서로의 입장을 존중하고 서로를 협력의 대상으로 여길 때가 되었다. 공영방송을 비롯한 지상파 방송들이 앞장서 방송언어를 매개로 공론장(公論場)을 마련하고, 언어 심의를 비롯한 축적된 노하우와 아카이브를 공유하는 등 종편과 케이블의 향상성(向上性)을 도모해야 한다. 시나브로 축적된 신생(新生)과 유예(猶豫)라는 단잠에서 깨어나 현안에 적극 임하는 스탠스는 종편과 케이블의 책무다. 방송언어 실태 연구와 바람직한 지향점 추구는 이해 상충 없이 상생, 협력할 수 있는 공통의 노둣돌이다.

이런 공진화(共進化)를 통해 개방적 사회 네트워크와 장벽 없는 민주적 소통에 방송언어가 미력이나마 기여해야 한다. 차제에 국어교육학회, 화법학회, 문법교육학회, 작문학회 등 국어 관련 학회와 언론학회, 방송학회, 언론정보학회 등 언론 관련 학회, 그리고 소통학회, 커뮤니케이션학회, 음성학회 등 방송언어 관련 학회의 활발한 정보 교류와 공통 의제 구축도 기대한다.

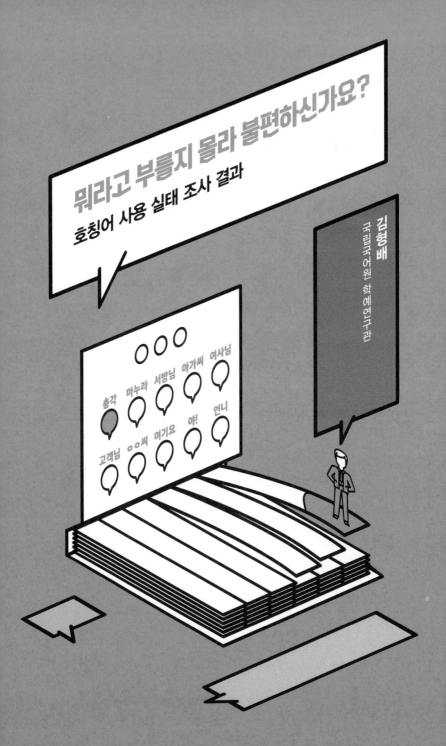

국립국어원에서는 1992년에《표준 화법 해설》을 발간하고 2011년에《표준 언어 예절》을 발간하여 국민의 언어생활에 도움을 주고자 노력해왔다. 그럼에도 사회변화에 따른 새로운 언어 예절 표준안의 필요성은 꾸준히 제기되어왔다. 그간 새로운 직업의 출현, 서비스업의 발달, 수직적 사회구조의 재편 등으로 사회구성원들의 인식이 변했고, 호칭어·지칭어, 높임법, 인사말 등의 사용 양상도 달라졌다.

이에 국립국어원에서는 전국 규모로 설문조사를 실시하여 호칭어·지칭어, 높임법, 인사말에 관한 일반 국민의 언어 실태와 의식을 파악하고, 현실에 맞는 언어 예절 표준안을 마련하는 데 시사점을 찾으려는 목적으로 '사회적 소통을 위한 언어 실태 조사' 사업을 시행했다.

이 조사는《표준 언어 예절》에 제시된 내용과 현실의 언어 사용이 얼마나 부합하는지 알아보고 호칭어·지칭어, 인사말, 높임법 등으로 생기는 갈등 실태와 새로운 언어 예절 또는 인사말의 개발 필요 여부를 조사하는 데 중점을 두었다. 조사 대상자의 범위는 전국 17개 시도에 거주하는 10~60대 국민 4000명이며, 2017년 10월 20일부터 11월 9일까지 온라인으로 조사했다. 성별, 연령, 거주 지역 변인을 고려하여 표본을 추출하고, 조사 결과에 대해 응답자 변인별 분석을 시도했다.

현실에선
이렇게 불러요

호칭어 사용 실태 조사 결과《표준 언어 예절》과 실제 언어 사용에 괴리가 있음을 알 수 있었다.《표준 언어 예절》에는 제시되지 않았으나 현실에서 자주 사용하는 호칭어들이 있고,《표준 언어 예절》에 제시된 목록 가운데 현실에서 거의 쓰이지 않는 호칭어들도 있었다.

《표준 언어 예절》에는 제시되지 않았으나 현실에서 자주 쓰

이는 호칭어를 중심으로 호칭어 사용 실태를 살펴보면 다음과
같다.[*]

❶ 가정에서 자녀를 호격조사 없이 '아들' 또는 '딸'로 부르는 일: 미혼 자녀에게 30.3%, 기혼 자녀에게 23.8%

미혼 자녀가 있는 응답자 1830명을 대상으로 혼인하지 않은
자녀를 어떻게 부르는지 조사한 결과, '○○아/○○야'와 같이
자녀의 이름을 부른다는 응답 비율이 79.6%로 가장 높게 나타
났으며, '아들, 딸'(30.3%), '애(야)'(6.6%), 기타(0.8%) 순으로 조
사되었다. '아들, 딸'을 호격조사 없이 호칭어로 쓰는 경우는
《표준 언어 예절》에는 제시되지 않았다. 그러나 현실에서는 응
답자의 30.3%가 '아들, 딸'을 호칭어로 사용해《표준 언어 예
절》의 내용과 현실 언어 사용에 차이가 있음을 알 수 있다.

　기혼 자녀가 있는 응답자 365명을 대상으로 혼인한 자녀를
어떻게 부르는지 조사한 결과, '○○아/○○야'(48.8%), '○○(손

---

[*] 《표준 언어 예절》에 제시되지 않은 호칭어 가운데 사용자 비율이 그리 높은 편은 아
니지만 현실에서 자주 사용한다고 조사된 사례로는 (1) 아내의 어머니를 부를 때 '어
머니'(5.0%), (2) 아내의 아버지를 부를 때 '아버지'(4.6%), (3) 직장 내에서 다른 직원
을 부를 때 '○○○ 프로, ○○○ 담당/주무관'(4.4%) 등이 있다.

뭐라고 부를지 몰라 불편하신가요?: 호칭어 사용 실태 조사 결과

주 이름) 아범/아비(야), ○○(손주 이름) 어멈/어미(야)'(32.6%), '아들, 딸'(23.8%)의 순으로 많이 사용되었다.《표준 언어 예절》에서는 자녀가 혼인한 후에는 '아범, 어멈', '○○(손주 이름) 아범/아비, ○○(손주 이름) 어멈/어미', '○○(이름)' 등으로 부를 것을 권고한다. 그러나 실제로는 기혼 자녀도 혼인 전과 마찬가지로 '○○야'라는 호칭으로 가장 많이 불렀으며, '아들, 딸'이라는 호칭도 미혼 자녀를 부를 때와 비슷한 수준으로 많이 쓰임을 알 수 있었다.

❷ 부부 사이에 '자기(야)'로 부르는 일: 32.4%

기혼자 2224명을 대상으로 배우자를 어떻게 부르는지 조사한 결과, '여보'라는 호칭을 쓴다는 응답자수가 가장 많았고 (42.1%), '자기(야)', '○○(자녀 이름) 아빠/엄마'라는 호칭을 쓴다는 응답자가 각각 32.4%와 30.0%로 나타났다. 즉 이 세 가지 호칭이 거의 비슷한 정도로 많이 쓰이며, 다수 응답자가 두 가지 이상의 호칭을 함께 사용함을 알 수 있다. '기타' 호칭을 쓴다고 응답한 경우도 7.2%나 되어, '○○(이름) 씨'(8.9%)라고 부른다는 비율과 비슷하게 나타났다.

30대의 경우 '여보'라는 호칭보다 '자기(야)'라는 호칭 사용자가 더 많았고, 40대에서는 두 가지 호칭을 비슷한 비율로 쓰고 있었다. 50대와 60대에서는 '○○ 아빠/엄마'라는 호칭 사용 비율이 이전 연령대보다 높은 것을 볼 수 있었고, '자기(야)'라는 호칭을 사용한다는 응답자도 50대의 경우 28.7%, 60대의 경우 17.9%로 적지 않은 비율을 차지했다. 《표준 언어 예절》에서는 남편이나 아내에 대한 호칭이나 지칭으로 '자기'라는 표현은 바람직하지 않다고 기술했으나 현실에서는 광범위하게 사용됨을 알 수 있었다. '여보'라는 호칭은 남성이 여성보다 좀 더 많이 사용하고(남성 47.4%, 여성 36.7%), '자기(야)'라는 호칭은 여성이 남성보다 더 많이 사용하는 것으로 조사되었다 (여성 34.5%, 남성 30.3%).

❸ 손아래 시누이의 남편을 '고모부'(62.7%), '아주버님'(14.0%), '○○(조카 이름) 아빠'(8.0%)로 부르는 일

손아래 시누이(남편의 여동생)의 남편을 부를 때 호칭은 '고모부'가 62.7%로 가장 높게 나타났다. 다음으로 '서방님'(18.0%), '아주버님'(14.0%), '○○ 아빠'(8.0%) 순으로 나타났다.

《표준 언어 예절》에서는 남편 여동생의 남편에 대한 호칭으로 '서방님'을 제시하고, '아주버님'은 남편 누나의 남편을 이르는 말이라 적당하지 않다고 했다. 그러나 '서방님'이라는 호칭을 사용하는 비율은 18.0%에 불과하다. 또한 '고모부'라는 말은 자녀에게 지칭할 때 사용하고, 호칭으로는 적당하지 않다고 했으나, 현실에서는 '고모부'라는 말을 압도적으로 많이 사용하고 있다.

❹ 삼촌의 아내를 '작은엄마'(29.9%), '숙모'(28.6%), '숙모님'(22.1%)으로 부르는 일

삼촌의 아내를 부를 때의 호칭은 '작은어머니'(37.0%), '작은엄마'(29.9%), '숙모'(28.6%), '숙모님'(22.1%)이 고루 사용되는 것으로 조사되었다. 연령대가 낮을수록 '작은엄마', '숙모'의 사용 비율이 높았고, 연령대가 높을수록 '작은어머니', '숙모님'의 사용 비율이 높았다. 특히 '숙모'라는 호칭은 10대의 경우 42.3%가 사용하고 있고, 20대 41.6%가 사용하는 등 연령대가 낮아질수록 사용 비율이 높아, 이러한 호칭이 젊은 세대에서 일반적으로 사용됨을 볼 수 있었다.

❺ 직장 내에서 다른 직원을 직위 구분 없이 이름 뒤에 '님'을 붙여 '○○○ 님'으로 부르는 일: 13.5%

직장인 또는 직장생활 경험이 있는 응답자 3044명을 대상으로 직장 내에서 다른 직원을 어떻게 부르는지 조사했다. 그 결과, '대리(님), 과장(님)'과 같이 직위에 따라 부른다는 응답자가 전체 응답자 중 77.6%였고, '선생님, ○○○ 선생님' 등으로 부른다는 응답자는 15.4%, '○○○ 님'과 같이 직위 구분 없이 이름 뒤에 '님'을 붙여서 부른다는 응답자는 13.5%였다. '○○○ 프로, ○○○ 담당/주무관'처럼 직위 구분 없이 역할에 따라 부른다는 응답자도 4.4%로 나타났다. 기타 응답으로는 '○○ 씨'(26명, 0.9%), '이름을 부른다'(13명, 0.4%) 등이 있었다.《표준 언어 예절》에서 제시한, 성이나 이름 뒤에 '군' 또는 '양'을 붙여서 '○ 군/○○○ 군, ○ 양/○○○ 양'으로 호칭하는 경우는 거의 없었다(기타 1.9%).

직원수가 300명 이상인 경우는 대기업, 50명 이상 300명 미만인 경우는 중기업, 50명 미만인 경우는 소기업으로 분류하여 직위에 따른 호칭 사용 여부를 살펴본 결과, 대기업은 '대리(님), 과장(님)' 등 직위에 따라 부르고(85.3%), 중기업(75.1%)이나 소기업(76.3%)은 직위에 따른 호칭을 대기업에 비해 덜 사용하는 경향이 있음을 알 수 있었다.

❻ 직장 동료나 아래 직원의 아내를 '제수씨'로 부르는 일: 25.8%

직장 내에서 다른 직원의 아내를 부를 때 '○○○ 씨, ○○ 씨'와 같이 이름 뒤에 '씨'를 붙여서 부른다는 응답자는 전체 응답자 3044명 중 52.4%인 1594명으로 가장 많았고, 다음으로 '제수씨'(25.8%), '아주머님'(8.5%), '아주머니'(6.7%)의 순으로 많이 쓰이는 것으로 조사되었다. 그러나 남성 응답자의 경우로 한정해보면 '○○○ 씨, ○○ 씨'(40.0%)보다 '제수씨'(48.0%)라는 호칭을 오히려 더 많이 사용하는 것으로 조사되었다. 기타 응답으로는 '사모님'(50명, 1.6%), '선생님'(22명, 0.7%), '언니'(9명, 0.3%) 등이 있었다. '제수씨'는 30~40대에서 주로 사용하며 20대와 50~60대는 상대적으로 덜 사용하는 것으로 나타났다.

❼ 친구의 아내를 '제수씨'로 부르는 일: 62.6%

친구의 아내에 대한 호칭으로는 '제수씨'(62.6%)가 가장 높은 사용 비율을 보였고, 다음으로 '○○ 씨'(28.5%), '○○ 엄마'(11.5%)가 비교적 많이 사용되는 것으로 조사되었다. '○여사(님)', '아주머니' 등의 호칭은 사용률이 각각 5.6%, 4.8%

에 그쳤다. 기타 응답으로는 '이름을 부른다'(3명, 0.2%), '형수 (님)'(3명, 0.2%) 등이 있었다. 《표준 언어 예절》에 따르면 친구 의 아내에 대한 호칭은 '아주머니, ○○ 씨, ○○○ 씨, ○○(친구 자녀) 어머니, ○○ 엄마, ○ 여사(님)'를 쓸 수 있고, '제수씨, 계 수씨'라고 부르는 것은 적절하지 못하다. 그러나 현실에서는 '제수씨'라는 호칭이 모든 연령대에서 가장 많이 사용되는 것 으로 조사되었다. '제수씨'는 다른 연령대에 비해 30~40대에 서 많이 사용하고 있고, '○○ 엄마'는 50대에서 많이 사용하고 있었다.

❽ 어머니나 아버지의 친구를 '이모/삼촌'(30.3%), '어머님/아버 님'(25.3%)으로 부르는 일

어머니의 친구 또는 아버지의 친구를 부를 때는 '아주머니(아 줌마)/아저씨'(50.3%)의 사용률이 가장 높았고, 이어서 '이모/ 삼촌'(30.0%), '어머님/아버님'(25.3%), '어머니/아버지'(4.6%)의 순으로 나타났다. 기타 응답으로는 '어르신'(16명, 0.4%), '사모 님/사장님'(0.1%) 등이 있었다.

'아주머니(아줌마)/아저씨'는 모든 연령대에서 비교적 고루 사용된 반면, '이모/삼촌, 어머님/아버님'의 사용률은 응답자의 연령대에 따라 뚜렷한 차이를 보였다. 부모님의 친구를 '이모' 또는 '삼촌'이라고 부르는 경향은 10~30대에서 두드러졌으며, '어머님/아버님' 등으로 부르는 경향은 40대 이상에서 두드러졌다. 특히 10대 연령에서는 '이모/삼촌'의 사용률이 59.2%로 나타나, '아주머니(아줌마)/아저씨'의 사용률(46.9%)보다 높았다. 여성(33.3%)이 '이모' 또는 '삼촌'이라는 호칭을 남성(26.7%)에 비해 더 많이 사용하는 것으로 나타났다.

❾ 낯선 사람을 '저기요'(62.5%), '아주머니/아저씨'(33.5%), '여기요'(16.9%)로 부르는 일

낯선 사람을 부를 때에는 '저기요'라는 말을 쓴다는 응답 비율이 62.5%로 가장 높았고, '아주머니/아저씨'는 33.5%, '여기요'는 16.9%로 조사되었다. '저기요'를 쓰는 응답자는 10~30대가 다른 연령대에 비해 더 많았고, 여성(69.8%)이 남성(55.3%)보다 더 많았다. '아주머니/아저씨'라는 호칭은 다른 연령대에 비해 50~60대에서 더 많이 사용하는 경향이 있었고, 남성(40.0%)이 여성(26.8%)보다 더 많이 사용하는 것으로 나타났다.

● 가정의 호칭

관계	호칭 상황	《표준 언어 예절》 (2011)	2017년 사용 실태 (고빈도순)
부모와 자녀 사이	미혼인 자녀를 부를 때	○○(이름)야	○○아/○○야(79.6%), **아들/딸**(30.3%), 얘(야)(6.6%)
	기혼인 자녀를 부를 때	아범, ○○(손주) 아범, 아비, ○○(손주) 아비, 어멈, 어미, ○○(외손주) 어멈, 어미, ○○(외손주) 어미, ○○(이름)	○○아/○○야(48.8%), ○○ 아범/아비(야), ○○ 어멈/어미(야)(32.6%), **아들/딸**(23.8%), 얘(야)(6.6%)
처부모와 사위 사이	아내의 아버지를 부를 때	장인어른, 아버님	장인어른(62.7%), 아버님(41.2%), **아버지**(4.6%)
	아내의 어머니를 부를 때	장모님, 어머님	장모님(67.6%), 어머님(37.0%), **어머니**(5.0%)
부부 사이	아내를 부를 때 / 남편을 부를 때	여보, ○○ 씨, ○○(자녀) 어머니/아버지, ○○(자녀) 엄마/아빠, 임자/영감, ○○(손주, 외손주) 할머니/할아버지	여보(42.1%), **자기(야)**(32.4%), ○○ 엄마/아빠(30.0%), ○○ 씨(8.9%)
배우자의 동기와 그 배우자에 대하여	손아래 시누이의 남편을 부를 때	서방님	**고모부**(62.7%), 서방님(18.0%), **아주버님**(14.0%), ○○ **아빠**(8.0%)
숙질 사이	삼촌의 아내를 부를 때	작은어머니	작은어머니(37.0%), **작은엄마**(29.9%), **숙모**(28.6%), **숙모님**(22.1%)

● 사회의 호칭

관계	호칭 상황	《표준 언어 예절》 (2011)	사용 실태 (고빈도순)
직장 사람들과 그 가족에 대하여	직장 내에서 다른 직원을 부를 때	• 상사: 선생님, 선배님, 여사님, 부장님 • 직급이 같은 동료: ○○○ 씨, ○○ 씨, 선생님, 선배님, 선배, 형, 언니, 여사, 과장님, 과장 • 아래 직원: ○○ 씨, ○○○ 씨, 선생님, 형, 여사, ○ 군, ○○ 군, ○○○군, ○ 양, ○○ 양, ○○○ 양, 과장님, 과장	• 직급에 따라(77.6%): 대리님, 과장님 등 • 선생님/ ○○○ 선생님 (15.4%) • 직위 구분 없이: **○○○님**(13.5%) • 역할에 따라(4.4%): **○○○ 프로**, **○○○ 담당/주무관** 등
	직장 동료나 아래 직원의 아내를 부를 때	○○ 씨/○○○ 씨, 아주머님, 아주머니, ○ 선생님/○○○ 선생님, ○ 과장님/○○○ 과장님	○○ 씨/○○○ 씨(52.4%), **제수씨**(25.8%), 아주머님(8.5%), 아주머니(6.7%)
지인에 대하여	친구의 아내를 부를 때	아주머니, ○○ 씨, ○ ○○ 씨, ○○(친구 자녀) 어머니, ○○ 엄마, ○ 여사(님), ○ 과장님, ○ 선생(님)	**제수씨**(62.6%), ○○ 씨(28.5%), ○○ 엄마(11.5%), ○ 여사(님)(5.6%), 아주머니(4.8%)
	어머니나 아버지의 친구를 부를 때	[원칙] 아주머니/아저씨, ○○(지역) 아주머니/아저씨, ○○(어머니 친구의 자녀) 어머니 [허용] 아줌마, ○○(지역) 아줌마, ○○(아버지 친구의 자녀) 아버지, 어르신, 선생님, 과장님	아주머니(아줌마)/아저씨 (50.3%), **이모/삼촌**(30.0%), 어머님/아버님(25.3%), **어머니/아버지**(4.6%)

뭐라고 부를지 몰라 불편하신가요?: 호칭어 사용 실태 조사 결과

모르는 사이	낯선 사람을 부를 때		저기요(62.5%), **아주머니/아저씨**(33.5%), 여기요(16.9%)
[참고] 직원과 손님 사이	직원이 손님에게	손님, ○○○ 님, ○○○ 손님	
	손님이 직원에게	아저씨/아주머니, **젊은이**, 총각/아가씨, ○○ 씨, ○○○ 씨, 과장(님), 선생(님), 여기요, 여보세요	

~~~~~~

* 굵은 글씨는《표준 언어 예절》에 없는 호칭어다.

이럴 때 뭐라고
부를지 어려워요

실태 조사 결과, 호칭어 사용에 어려움을 겪는 국민이 많은 것으로 나타났다. 가정 내 호칭어 사용의 어려움은 복잡한 친족 호칭체계, 기존의 부계 중심 호칭체계와 현대 생활상의 괴리, 가족 서열 기준과 연령의 충돌 등에 기인하는 경우가 많다.

친인척을 어떻게 불러야 할지 몰라서 곤란한 적이 있는지를 조사한 결과, 어머니의 친인척을 부를 때(43.5%), 배우자의 친

인척을 부를 때(36.2%), 아버지의 친인척을 부를 때(28.7%) 순
으로 호칭에 어려움을 겪는 것으로 나타났다.

❶ 어머니의 친인척을 부를 때 어려움: 43.5%

먼저, 어머니의 친인척을 부를 때 어떻게 불러야 할지 몰라서
곤란한 적이 있는지 묻는 문항에 전체 응답자의 43.5%가 '매
우 그렇다' 또는 '조금 그렇다'라고 답했다. 연령별로는 10대
연령 집단에서 긍정 응답 비율이 가장 높았고(57.1%), 60대 이
상에서 가장 낮았다(28.2%). 성별로는 여성의 긍정 응답 비율
(48.0%)이 남성(39.1%)에 비해 높게 나타났다. 어머니의 친인척
중에서 어떻게 불러야 할지 몰라서 곤란했던 대상이 누구인지
구체적으로 묻는 질문에는 '어머니의 사촌 오빠', '어머니의 사
촌 언니', '어머니의 사촌 동생' 등 어머니의 사촌에 대한 호칭
이 어렵다는 응답(215명, 12.4%)이 가장 많았고, '어머니의 이
모'(39명, 1.0%), '어머니의 삼촌'(36명, 0.9%), '어머니의 고모'(35
명, 0.9%) 등의 응답도 비교적 많았다.

❷ 아버지의 친인척을 부를 때 어려움: 28.7%

다음으로 아버지의 친인척을 부를 때 어떻게 불러야 할지 몰

뭐라고 부를지 몰라 불편하신가요?: 호칭어 사용 실태 조사 결과

라서 곤란한 적이 있는지 묻는 문항에는 전체 응답자의 28.7%
가 '매우 그렇다' 또는 '조금 그렇다'라고 답했다. 즉 어머니의
친인척에 대한 호칭에 비해 어려움을 적게 느끼는 것을 알 수
있었다. 연령대별로는 30대 이하에서 다른 연령 집단에 비해
다소 높은 긍정 응답이 나타났다. 성별로는 여성의 긍정 응답
비율(34.0%)이 남성(23.4%)에 비해 높았다. 아버지의 친인척 중
에서 어떻게 불러야 할지 몰라서 곤란했던 대상이 누구인지
구체적으로 묻는 질문에는 '아버지의 5촌', '아버지의 6촌' 등
복잡한 촌수에 따른 호칭이 어렵다는 응답(267명, 23.3%)이 가
장 많았고, '나이 많은 조카', '나이 어린 할아버지' 등 나이와
항렬 기준이 서로 맞지 않을 때 어렵다는 응답(14명, 1.2%)이 있
었다.

❸ 배우자의 친인척을 부를 때 어려움: 36.2%

마지막으로, 배우자의 친인척을 부를 때 어떻게 불러야 할지
몰라서 곤란한 적이 있는지 묻는 문항에 전체 응답자의 36.2%
가 '매우 그렇다' 또는 '조금 그렇다'라고 답했다. 연령별로는
20대 응답자가 가장 높은 긍정 응답 비율을 보였고, 성별로는
여성의 긍정 응답 비율(42.3%)이 남성(30.3%)에 비해 높았다.

배우자의 친인척 중에 어떻게 불러야 할지 몰라서 곤란했던 구체적인 대상은 '아내의 사촌 동생', '남편의 사촌 누나' 등 배우자 사촌의 호칭 관련 응답이 가장 많았고(80명, 9.9%), '처남의 아내' 등 배우자 형제의 배우자와 관련한 응답(31명, 3.9%), '나이가 어린 손위 처남' 등 나이가 어리지만 항렬이 높거나, 반대로 나이가 많지만 항렬이 낮은 경우의 호칭에 관한 응답(19명, 2.4%)이 있었다.

기혼 여성을 대상으로 남편의 동기와 그 배우자에 대한 호칭의 곤란함 정도를 조사했다. 먼저, 손아래 시누이의 남편을 어떻게 불러야 할지 몰라서 곤란한 적이 있는지 묻는 문항에 '매우 그렇다' 또는 '조금 그렇다'라고 응답한 비율은 37.2%였다. 연령대별로 '매우 그렇다'라고 응답한 비율을 보면, 20대와 30대 응답자들의 경우에 각각 9.3%, 6.7%로 비교적 높았고, 60대 이상에서는 0.8%에 그쳤다.

다음으로, 결혼한 시동생을 어떻게 불러야 할지 몰라서 곤란한 적이 있는지 묻는 문항에는 응답자 28.3%가 '매우 그렇다' 또는 '조금 그렇다'라고 답했다. '매우 그렇다'고 응답한 비율은 20대(7.7%)와 30대(6.6%)에서 높게 나타났고 60대 이상에서는 1.1%만이 '매우 그렇다'라고 답했다.

뭐라고 부를지 몰라 불편하신가요?: 호칭어 사용 실태 조사 결과

❹ 나보다 나이 어린 손위 시누이를 부를 때 곤란함: 40.9%

남편의 형이나 누나가 자신보다 나이가 어린 경우 호칭에 곤
란을 겪는지 묻는 문항에는 응답자 40.9%가 '매우 그렇다' 또
는 '조금 그렇다'라고 답했다. '매우 그렇다'라고 응답한 비율
은 20대에서 9.5%로 가장 높았고, 60대 이상에서는 3.7%로
가장 낮았다.

❺ 나보다 나이 어린 처형 또는 손위 처남을 부를 때 곤란함: 31.4%

기혼 남성을 대상으로, 아내의 오빠나 언니가 자신보다 나이
가 어린 경우에 어떻게 부를지 곤란한 적이 있는지 조사했다.
그 결과, 응답자 31.4%가 '매우 그렇다' 또는 '조금 그렇다'라
고 답했다. 동일한 문항(남편의 형이나 누나가 나보다 나이가 어린 경
우)에 대한 여성들의 응답과 비교하면, 긍정 응답의 비율이 낮
게 나타났다.

직장 내에서 다른 직원을 어떻게 불러야 할지 몰라서 곤
란한 적이 있는지를 직장인과 직장생활 경험이 있는 응답자
3044명에게 물었다. 우선, 직함이 없는 사원을 부를 때에는 전
체 응답자의 22.5%가 곤란했던 경험이 있는 것으로 조사되었

다. 20대 응답자의 긍정 응답 비율이 31.2%로 가장 높았고, 50대 응답자의 긍정 응답 비율이 15.3%로 가장 낮았다. 성별로는 여성의 긍정 응답 비율이 24.6%로 남성(20.8%)에 비해 다소 높았다.

다음으로, 직장에서 자신보다 나이가 많은 아래 직원을 부를 때 어떻게 불러야 할지 몰라서 곤란한 적이 있는지를 조사한 결과, '매우 그렇다'와 '조금 그렇다'라고 답한 응답자가 전체의 34.9%로 나타났다. 이러한 결과는 직함이 없는 사원을 부를 때에 비해 나이와 직위가 충돌하는 경우에 호칭에 곤란을 느끼는 응답자가 더 많다는 것을 보여준다. 40대의 긍정 응답 비율(37.8%)이 가장 높았고, 여성의 긍정 응답 비율이 39.5%로 남성(30.9%)에 비해 높게 나타났다.

직함이 없는 사원을 부를 때보다는 직위가 낮지만 연령이 자신보다 많은 직원을 부를 때 곤란함이 더 크며, 두 경우 모두 여성이 남성보다 어려움을 좀 더 크게 느끼고 있음을 알 수 있었다.

20대 이상의 성인 남녀 3410명을 대상으로 사회에서 지인을 부를 때의 어려움을 조사했다. 지인에 대한 호칭의 어려움은 '지인 중 나보다 나이가 많은 사람을 부를 때', '지인 중 나보다 나이가 적은 사람을 부를 때', '지인 중 나와 동갑인 사람을 부를 때'로 나누어 조사했다.

❻ 지인 중 나보다 나이가 많은 사람을 부를 때 어려움: 30.3%

먼저, '지인 중 나보다 나이가 많은 사람을 부를 때' 어떻게 불러야 할지 몰라서 곤란했던 경험이 있는지 묻는 질문에는 전체 응답자의 30.3%가 '매우 그렇다' 또는 '조금 그렇다'라고 답했고, '지인 중 나보다 나이가 적은 사람을 부를 때'에 대한 질문에는 17.3%만이 '매우 그렇다' 또는 '조금 그렇다'라고 답했다. '지인 중 나와 동갑인 사람을 부를 때' 곤란함을 느꼈다고 답한 응답자는 15.4%에 그쳤다.

관공서 등 공공장소에서 직원을 어떻게 불러야 할지 몰라서 곤란했다고 응답한 비율은 전체 응답자의 23.5%로 나타났고, 상점이나 식당에서 종업원을 어떻게 불러야 할지 몰라서 곤란했다고 응답한 비율은 전체 응답자의 20.8%로 나타났다. 손님이 직원을 부를 때 호칭 때문에 어려움을 느끼는 비율은 전반적으로 높지 않은 편이다.

❼ 낯선 사람을 부를 때 어려움: 37.1%

낯선 사람을 부를 때 어떻게 불러야 할지 몰라서 곤란했던 경험이 있는지 묻는 질문에는 전체 응답자의 37.1%가 '매우 그렇다' 또는 '조금 그렇다'라고 답하여, 적지 않은 사람들이 호칭에 곤란을 겪는 것으로 조사되었다. 그리고 이러한 긍정 응답 비율은 50~60대에서 특히 높게 나타났다(42.1%/42.8%). 구체적인 답변 내용을 살펴보면, '나이가 가늠이 안 될 때'(75명, 5.1%), '처음 만났을 때'(64명, 4.3%), '길을 물을 때'(58명, 3.9%), '결혼 여부를 모를 때'(17명, 1.1%), '외국인을 부를 때'(17명, 1.1%), '인파 속에서 특정인을 부를 때'(9명, 0.6%) 등이 있었다.

지인 또는 낯선 사람을 부를 때 호칭의 어려움은 상대방의 나이에 좌우됨을 알 수 있었다. 지인 중에서는 나이가 위인 사람을 부를 때 어려움이 가장 많고, 낯선 사람을 부를 때에는 상대방의 나이가 가늠이 안 될 때 호칭하기 어렵다는 응답이 가장 많았다. 상대를 대할 때 연령을 매우 중요시하는 사회 분위기가 여전하다는 점을 알 수 있다.

뭐라고 부를지 몰라 불편하신가요?: 호칭어 사용 실태 조사 결과

이렇게 불리면
기분 나빠요

호칭어 개선 요구는 성차별적 용어를 개선해야 한다는 의견과 용어를 간소화해야 한다는 의견이 지배적이다.

❶ **결혼한 여성이 남편의 동생을 '도련님, 아가씨' 등으로 높여 부르고, 결혼한 남성이 아내의 동생을 '처남, 처제' 등으로 높이지 않고 부르는 관행을 고쳐야 한다: 65.8%**

결혼한 여성이 남편의 동생을 부를 때에는 '도련님, 아가씨' 등으로 높여 부르고, 결혼한 남성이 아내의 동생을 부를 때에는 '처남, 처제' 등으로 높이지 않고 부르는 관행이 고쳐져야 한다고 생각하는지 묻는 문항에 전체 응답자 중 25%가 '매우 그렇다'라고 답했고, 40.8%가 '조금 그렇다'라고 답해, 긍정 응답 비율이 65.8%를 차지했다. '별로 그렇지 않다'는 응답은 28.5%, '전혀 그렇지 않다'는 응답은 5.7%로, 전체 응답 가운데 부정 응답이 차지하는 비율은 34.2%에 그쳤다. 여성이 남성에 비해 수치가 크게 높은 것으로 나타났는데(긍정 응답 비율: 여성 75.3%, 남성 56.5%), 이러한 호칭 관행이 특히 여성들에게 갈등 요소가 됨을 짐작할 수 있다.

❷ 직장 내에서 다른 직원이 '○○○ 씨'로 부르면 불쾌감을 느낌: 49%

직장 내에서 자신보다 나이 어린 직장 상사나 동료가 '○○○ 씨'라고 부르는 경우, 청자로서 불쾌한 기분이 드는지(또는 그런 경우를 가정했을 때 불쾌한 기분이 들 것으로 생각되는지) 조사했다. 《표준 언어 예절》에서는 '○○○ 씨' 등으로 부를 수 있다고 했으나, 조사 결과 전체 응답자 3044명 가운데 9.5%가 '매우 불쾌하다', 39.6%가 '조금 불쾌하다'라고 답해, 불쾌하다는 응답 비율이 49.0%를 차지했다. 20~30대 응답자는 '○○○ 씨'라는 호칭을 들었을 때 불쾌한 정도가 다른 연령대에 비해 낮았다. 그리고 50~60대는 같은 상황에서 '○○○ 씨'라는 호칭을 더 불쾌하게 느끼는 것을 알 수 있었다.

❸ 직장 내에서 다른 직원이 '아가씨'로 부르면 불쾌감을 느낌: 84.5%

다음으로 직장인 가운데 여성들을 대상으로 직장 상사나 동료가 '아가씨'라는 호칭을 쓸 때 불쾌한 기분이 들 것으로 생각하는지 조사했다. 그 결과, 84.5%가 '매우 불쾌하다' 또는 '조금 불쾌하다'라고 응답해, '아가씨'라는 호칭이 갈등 요소가 될 수 있음을 알 수 있었다. 연령대별로는 20~30대 응답자들이 '아가씨'라는 호칭에 더 크게 불쾌감을 느끼는 것으로 나타났고, 직업별로는 관리·전문직이나 사무직 종사자들이 더 큰 불쾌감을 느끼는 것으로 나타났다. 직장 내에서 '아가씨'라는 호칭이 적절하지 않음을 알 수 있다.

❹ 직장 내에서 다른 직원을 직위 구분 없이 'OOO 님, OOO 담당/주무관' 등으로 부르면 불쾌감을 느낌: 13.7%

직장에서 직위 구분 없이 'OOO 님, OOO 프로, OOO 담당/주무관' 등으로 부르는 경우에 불쾌한 기분이 들지 물었다. 그 결과, 13.7%만이 '매우 불쾌하다' 또는 '조금 불쾌하다'로 답했고, 86.3%는 '별로 불쾌하지 않다' 또는 '전혀 불쾌하지 않다'로 답하여, 이러한 호칭에 거부감이 거의 없는 것을 알 수 있었다. 연령과 직업군에 따라 유의미한 차이가 없었고, 남성이 여성에 비해 직위 구분 없이 호칭하는 것에 거부감이 다소 큰 것으로 나타났다.

관공서나 병원 등에서 직원이 손님에게 'OOO 씨'라고 부를 경우 불쾌한 기분이 들 것으로 생각하는지 조사한 결과, 긍정 응답 비율은 16.7%에 그쳤고, '별로 불쾌하지 않다' 또는 '전혀 불쾌하지 않다'로 답한 부정 응답 비율이 83.3%를 차지했다. 10~20대 응답자들은 다른 연령대에 비해 '○○○ 씨'라는 호칭에 불쾌함을 느끼는 정도가 더 낮았다.

다음으로 관공서나 병원 등에서 직원이 '아버님' 또는 '어머님'이라고 부를 경우, 손님 처지에서 불쾌하게 느끼는지를 조사했다. 조사 결과, 긍정 응답은 22.4%를 차지했고, 77.6%는 '별로 불쾌하지 않다' 또는 '전혀 불쾌하지 않다'고 응답했다. 60대 이상에서는 다른 연령대에 비해 불쾌감을 느끼는 정도가 낮았고, 여성이 남성에 비해 불쾌감을 더 크게 느끼는 것으로 나타났다.

❺ 손님이 관공서 직원이나 서비스직 종사자들을 '아저씨/아주머니'로 부르면 불쾌감을 느낌: 46.6%

대민 업무를 주로 하는 관공서 및 서비스/판매직 종사자, 기능직 및 노무직 종사자들을 대상으로 손님이 '아저씨/아주머니(아줌마)' 등으로 부를 때 불쾌하게 느끼는지를 조사했다. 그 결과, '매우 불쾌하다'와 '조금 불쾌하다'는 응답이 46.6%로 나타나, 응답자의 절반 정도가 '아저씨/아주머니(아줌마)'라는 호칭을 불쾌하게 생각한다는 것을 알 수 있었다. 50대 이상에서는 불쾌함의 정도가 상대적으로 낮았고, 여성(58.5%)이 남성(37.9%)에 비해 불쾌감을 크게 느끼는 것으로 나타났다.

❻ 손님이 관공서 직원이나 서비스직 종사자들을 '여기요/저기요'로 부르면 불쾌감을 느낌: 33.9%

다음으로, 손님이 '여기요/저기요'라고 부르는 경우를 조사했다. '불쾌하다'는 긍정 응답(33.9%)에 비해 '별로 불쾌하지 않다' 또는 '전혀 불쾌하지 않다'는 부정 응답(66.1%) 비율이 좀 더 높게 나타났다. 50~60대 응답자들이 '여기요/저기요'라는 호칭에 불쾌함을 더 크게 느끼는 것으로 분석되었고, 직업군에 따라서는 관리직이나 전문직, 사무직 종사자들의 불쾌감 정도가 서비스/판매직, 기능직, 단순노무직 종사자들에 비해 더 높게 나타났다.

❼ 손님이 관공서 직원이나 서비스직 종사자들을 '아가씨/총각'으로 부르면 불쾌감을 느낌: 35.4%

손님이 '아가씨/총각' 등으로 부르는 경우를 조사한 결과, '매우 불쾌하다' 또는 '조금 불쾌하다'라고 응답한 비율이 35.4% 로, '여기요/저기요'라고 부르는 경우에 비해 약간 높은 수준 을 보였다. 직업별로는 사무직 종사자들의 불쾌함 정도가 가 장 높았고, 성별로는 여성(47.8%)이 남성(26.3%)에 비해 더 크 게 불쾌감을 느끼는 것으로 나타났다.

'여기요/저기요'라는 호칭을 낯선 사람이 사용했을 때 불쾌 하게 느끼는지를 물은 결과, 긍정 응답(23.0%)에 비해 '별로 불 쾌하지 않다' 또는 '전혀 불쾌하지 않다'는 부정 응답의 비율 (77.0%)이 훨씬 높게 나타났다. 이러한 결과는 같은 호칭을 손 님이 사용했을 때와 대조된다.

손님이 직원에게 '여기요/저기요'라는 호칭을 쓸 경우에는 불쾌하다는 긍정 응답 비율이 33.9%로, 낯선 사람이 사용했을 때에 비해 불쾌하다고 느끼는 응답자가 더 많았다. 연령대가 높아질수록 '여기요/저기요'라는 호칭에 느끼는 불쾌감이 더 컸고, 남성(25.7%)이 여성(20.3%)에 비해 불쾌한 정도가 약간 더 높았다.

뭐라고 부를지 몰라 불편하신가요?: 호칭어 사용 실태 조사 결과

시대에 맞게
정서에 맞게

이 조사 결과는 《표준 언어 예절》의 정비, 새로운 용어 개발 연구, 교육 또는 홍보가 필요한 내용을 설정하는 데 기초 자료로 활용할 수 있다.

❶ 《표준 언어 예절》 정비

《표준 언어 예절》에 제시된 내용과 호칭어의 실제 사용에서 괴리가 크거나 현재 언중의 정서에 맞지 않는다고 밝혀진 부분은 타당성을 검토하여 관련 항목을 추가하거나 내용을 수정하는 방안을 마련해야 한다. 이 조사 결과로 볼 때 우선 검토해야 할 내용을 정리하면 다음과 같다.

- 《표준 언어 예절》에 제시되지 않았으나 현실에서 자주 쓰이는 호칭어는 언어 예절에 수용하는 방안을 검토해야 한다.*

---

* 아내의 부모를 '아버지'(4.6%), '어머니'(5.0%)로 부르는 일이 있는 것으로 조사되었지만, 사용률이 낮고 아내가 남편의 아버지(시아버지)를 '아버지'라고 부르기 곤란함에 비추어 수용 가능성은 의심된다.

예　자녀 호칭 '아들, 딸', 배우자 호칭 '자기(야)', 삼촌의 아내 호칭 '숙모(님)'

직장에서 다른 직원 호칭 '○○○ 님, ○○○ 담당/주무관' 등

● '이모'는 본래 어머니의 여자 형제를 이르거나 부르는 말이지만, 혈족이 아닌 여자 어른(어머니의 친구 등)에 대한 일반적인 호칭으로 쓰임이 확대되었다. 이를 수용할지를 검토해야 한다.

● 《표준 언어 예절》에 제시되었으나 현실에서는 거의 쓰이지 않는 호칭어를 표준안에서 삭제하는 방안을 검토해야 한다.

예　손아래 시누이의 남편에 대한 호칭 '서방님', 직장에서 다른 직원에 대한

호칭 '○ 양, ○ 군', 지인의 아내에 대한 호칭 '아주머니' 등

● 다수가 공감하는 불평등한 호칭체계의 수정 여부를 검토해야 한다.

예　'도련님/아가씨, 처남/처제', '시댁, 처가' 등

❷ 새로운 용어와 표현체계 개발

호칭어·지칭어, 높임법, 인사말과 관련하여 적절한 표현이 없거나 체계가 복잡해 의사소통에 불편을 느끼는 경우, 새로운 용어를 개발하거나 체계를 간소화하는 등 표현방식을 개선하려는 연구를 해야 한다.

● 어머니의 친인척, 배우자의 친인척과 관련하여 호칭이 따로 없는 경

뭐라고 부를지 몰라 불편하신가요?: 호칭어 사용 실태 조사 결과

우들이 많아서 다수 국민이 불편을 겪으므로 새로운 용어를 개발하거나 호칭체계를 간소화해야 한다.

　　㉠　어머니의 이모, 어머니의 삼촌 등

● 아버지의 친인척을 부를 때에는 호칭체계가 너무 복잡해서 어려움을 겪는 경우가 많으므로 호칭체계를 간소화해야 한다.

❸ 교육과 홍보 확대

호칭어·지칭어, 높임법, 인사말과 관련하여 적절한 표현이 있는데도 어떤 말을 써야 할지 몰라서 어려움을 겪는다고 조사된 항목, 타인에게 불쾌감을 줄 개연성이 높다고 조사된 항목과 관련해서는 올바로 소통할 수 있도록 교육과 홍보를 체계적으로 해야 한다.

● 어머니의 친인척 호칭

　　㉠　어머니의 사촌 오빠, 사촌 언니, 사촌 동생 등

● 가족 서열과 연령이 충돌할 때 호칭

　　㉠　나보다 나이 어린 손위 시누이, 나보다 나이 어린 처형 또는 손위 처남 등

● 직장 내 직위와 연령이 충돌할 때 호칭

　　㉠　나보다 나이 많은 아래 직원 등

이번 실태 조사에서는 사회적 소통에서 갈등과 불편을 초래할 소지가 있는 호칭어·지칭어, 높임법, 인사말 항목을 중심으로 전반적인 사용 실태와 의식을 조사했다. 이 조사 결과를 바탕으로 호칭어·지칭어, 높임법, 인사말 등 언어 예절 때문에 발생하는 다양한 유형의 문제에 대응하고 현 시대에 맞는 언어 예절을 정착하려면 다음과 같은 후속 연구와 제도적 뒷받침이 필요하다.

중장기적 관점에서 '표준 언어 예절'의 개선이나 시행에 관한 법적 근거와 제도적 장치를 연구해야 한다. 단기적으로는 유관 기관, 단체들이 협력체계를 구축하여 표준 언어 예절에 관한 국민의 의식을 바람직한 방향으로 이끌려는 노력이 필요하다. 또한, 표준 언어 예절의 내용을 정립하기 위해 추가 실태 조사가 필요하다. 표준 언어 예절의 개정은 전 국민의 언어생활에 대한 준거를 바꾸는 매우 중요한 일이므로, 이 연구 결과를 토대로 추가 조사를 해야 한다. 그리고 실태 조사 결과의 수용 가능성이나 타당성을 구체적으로 검토해야 한다.

현실에서 실제 사용 빈도가 높다고 해서 모두 수용할 수 있는 것은 아니다. 명백히 잘못된 표현 또는 우리말 구조에 맞지 않는 표현까지 인정하는 것은 곤란하다. 따라서 그 내용의 타당성과 개선 방안 등을 전문가 차원에서 면밀히 검토하고 국민과 충분히 합의해야 한다. 아울러 시대에 맞지 않는 호칭어·지칭어, 높임법체계, 인사말을 수정한다면 어떻게 바꿀지 구체적인 개선안을 마련하려는 연구가 필요하다. 그리고 개선안이 마련된다면 전 국민의 공감을 불러일으킬 수 있도록 연구와 개선안에 대한 국민 선호도 조사 등 여론 수렴 과정이 필수적이다.

끝으로 언어 예절에 대한 교육 내용과 방법을 개발하고 전 국민을 대상으로 한 교육·홍보 활동도 전개할 필요가 있다.

이번 실태 조사 결과를 바탕으로 호칭어 등으로 생기는 갈등과 불편 요소를 해결하여 배려와 소통의 언어문화가 자리 잡기를 기대한다.

※ 이 글은 〈사회적 소통을 위한 언어 실태 조사 결과 보고서〉(국립국어원 2017-01-42) 가운데 '호칭어' 관련 부분을 뽑아 정리한 것이다.

나는 이렇게 불리는 것이 불편합니다
ⓒ 이건범 김하수 백운희 권수현 이정복 강성곤 김형배 박창식, 2018

초판 1쇄 인쇄 2018년 10월 22일
초판 1쇄 발행 2018년 10월 26일

지은이 이건범 김하수 백운희 권수현 이정복 강성곤 김형배 박창식
기획 한겨레말글연구소
펴낸이 이상훈
편집인 김수영
기획편집 정진항 고우리
마케팅 조재성 천용호 박신영 조은별 노유리
경영지원 이해돈 정혜진 이송이

펴낸곳 한겨레출판(주) www.hanibook.co.kr
등록 2006년 1월 4일 제313-2006-00003호
주소 서울 마포구 효창목길 6(공덕동) 한겨레신문사 4층
전화 02)6383-1602~3 팩스 02)6383-1610
대표메일 book@hanibook.co.kr

ISBN 979-11-6040-199-8 03330